Las cicatrices no duelen

Prácticos
Vivir Mejor

Anabel Gonzalez

Las cicatrices no duelen

Cómo sanar nuestras heridas y deshacer los nudos emocionales

Planeta

Obra editada en colaboración con Editorial Planeta – España

Adaptación de la portada: Booket / Área Editorial Grupo Planeta
Imagen de la portada: © Megata Morikaga / Rawpixel
© de las imágenes e ilustraciones del interior: © J. Mauricio Restrepo
© del diseño del interior: © J. Mauricio Restrepo

Bajo el sello editorial BOOKET M.R.
Avenida Presidente Masaryk núm. 111,
Piso 2, Polanco V Sección, Miguel Hidalgo
C.P. 11560, Ciudad de México
www.planetadelibros.com.mx

Primera edición impresa en España en Booket: septiembre de 2022
ISBN: 978-84-08-26234-3

Primera edición impresa en México en Booket: marzo de 2026
ISBN: 978-607-39-4066-5

Impreso en los talleres de Operadora Quitresa, S.A. de C.V.
Calle Goma No.167, Colonia Granjas México,
C.P. 08400, Iztacalco, Ciudad de México.
Impreso en México – *Printed in Mexico*

Biografía

Anabel Gonzalez es psiquiatra, psicoterapeuta y doctora en Medicina. Directora del Instituto Médico Imaya, ha coordinado durante años el programa de trauma y disociación del Complexo Hospitalario Universitario A Coruña. Entrenadora acreditada por EMDR Europa, forma a especialistas y da cursos sobre esta metodología terapéutica desde www.imayaformacion.com.

Es profesora en la Universidad a Distancia de Madrid (UDIMA), donde coordina un máster universitario en EMDR, y en la Universidad Nacional de Educación a Distancia (UNED), donde codirige el curso de especialista en EMDR y es profesora invitada del Máster en Psicoterapia con EMDR.

Es autora de *Lo bueno de tener un mal día* (2020), *Las cicatrices no duelen* (2021), *¿Por dónde se sale?* (2023), *Lo que no pasó* (2025) —publicados por Planeta y traducidos a varias lenguas—, *No soy yo* (2017) y otras obras especializadas.

@anabelgonzalez_emociones5.0

@DAnabelGonzalez

www.asociacionemdr.es

ÍNDICE

Para Blanca y Bernardo, mis padres

INTRODUCCIÓN

EL OTRO LADO

Podríamos pensar que no tiene sentido abrir viejas heridas, que es mejor seguir adelante sin remover el pasado. Y si fuera realmente posible avanzar así, dejando atrás los recuerdos para siempre, estaría completamente de acuerdo. Pero los recuerdos que no están resueltos, elaborados e integrados del todo, no son en absoluto agua pasada, más bien son lodos cenagosos que siguen en el fondo de un lago de aparentes aguas tranquilas. Mientras no te adentres en ellas, el reflejo del cielo azul en su calmada superficie puede engañarte; pero si metes un pie en ese lago, te encontrarás con fangos desagradables en los que incluso puedes hundirte.

Es duro sufrir un problema psicológico, obsesionarse con algo y no saber salir, sentir que te hundes sin poder remontar, vivir con angustia sin encontrar cómo calmarte. Con este libro, quiero mostrar cómo se pueden **romper los nudos emocionales** que nos atan al pasado, cómo **curar las heridas** que nos impiden decidir con libertad y pasar a sentirnos **orgullosos de las viejas cicatrices** que forman parte de quiénes somos. En definitiva, la razón de mirar atrás es realmente **cambiar el presente** y disfrutar de verdad de lo que somos ahora.

Cuando empecé a formarme como psiquiatra, decidí enseguida que me interesaba el campo de las psicoterapias. Los fármacos son útiles, esenciales en algunas patologías, pero resolver las complejidades del sufrimiento humano con esa única herramienta se me hacía extremadamente limitado. En cambio, las teorías sobre cómo funciona la mente, la influencia de la relación entre el terapeuta y el paciente, la importancia del contexto familiar, el trabajo con grupos..., todo ello me parecía no solo esencial para mi trabajo, sino, además, un territorio apasionante.

Así que, durante aproximadamente ocho años, buceé en distintos mares de conocimiento. Me formé en terapia grupal, en terapia familiar sistémica y leí libros sobre muchas perspectivas distintas. Todas me parecían interesantes, de todas sacaba algo, pero no me quedé en ninguna. En 1998 me embarqué en una formación más amplia en terapia cognitivo-analítica, una orientación que integraba la terapia cognitivo-conductual (predominante entre los psicólogos en aquella época) con terapias psicodinámicas (versiones modernas del psicoanálisis). Esta combinación me parecía muy interesante, teniendo yo desde el principio la sensación de que muchos de los sistemas de psicoterapia «puros» no parecían explicar por completo todas las dificultades y patrones de funcionamiento que veía en las personas a las que atendía. La terapia cognitivo-conductual se centra más en los **pensamientos** (las *cogniciones* o *creencias*) que en otras áreas y pone el foco en el aquí y ahora. Las terapias psicodinámicas (o analíticas), que analizan más la relación entre paciente y terapeuta, establecen una **conexión entre el presente y la historia pasada** del individuo. Además, la terapia cognitivo-analítica trabajaba mucho sobre las **relaciones** de la persona con los demás, lo que enlazaba con mi formación en terapia grupal y familiar. De entrada, me parecía que podía ser un modelo en el que mi modo de entender el trabajo terapéutico encajaría en un marco de referencia.

Sin embargo, durante esta formación, los organizadores me convencieron para participar en un curso de un fin de semana que se impartía en Oviedo. Estaba dedicado a una terapia llamada **EMDR** que entonces me pareció un tanto extraña. Tanto nos insistieron que allí nos fuimos mi compañero y amigo el doctor Luis Ferrer y yo, ambos llenos de escepticismo ante lo que parecía una técnica bastante friki. La formadora planteaba que **los recuerdos traumáticos pueden «deshacerse»** con un procedimiento que implica guiar al paciente para que haga determinados movimientos con sus ojos mientras piensa en la experiencia que lo incomoda. Durante la formación practicábamos este sistema tan atípico entre nosotros, y vimos efectos curiosos. Mi mente analítica comenzó a plantearse miles de dudas. No sabía si atribuir los efectos observados a la sugestión, pero, en cualquier caso, despertó mi curiosidad. Me informé sobre diversas investigaciones centradas en esta terapia, cuyo nombre (*Eye Movement Desensibilization and Reprocessing*, EMDR) tenía que ver con el uso de los movimientos oculares para la desensibilización y el reprocesamiento de los recuerdos. Me considero científica en mi modo de entender el mundo, así que, pese a lo extraño de la propuesta, decidí fiarme de los datos, pero necesitaba comprobarlos por mí misma. Basándome en la evidencia científica que mostraban los estudios sobre el efecto del EMDR en el estrés postraumático, propuse, a varias de las personas que acudían a mi consulta, trabajar con este sistema sobre algunas de sus experiencias traumáticas que seguían sin resolver. Y los excelentes resultados de este método me han traído hasta aquí.

Contaré muchas historias en este libro que, si bien se inspiran en las personas a las que he tratado, están modificadas en muchos aspectos para preservar su privacidad. Una de ellas es la de **Ramón**, un hombre de cuarenta y seis años que trabajaba en una fábrica química. Mientras conducía por la autopista, sintió un súbito impulso de estrellar el coche. Estaba asustado, no entendía lo que había pasado, él no había tenido previamente ninguna intención de quitarse la vida. Dos años antes, Ramón había acudido con síntomas de depresión a la unidad de salud mental en la que yo trabajaba. No lo relacionó con ninguna experiencia concreta, así que le dieron medicación antidepresiva y mejoró en unos meses. Llevaba ya más de un año sin tomar ningún tratamiento y todo parecía ir bien... hasta ese día.

Cuando me contaba el impulso que sintió en el coche, le pedí a Ramón que se fijase en la sensación que sentía en el cuerpo. Notaba una especie de angustia en la zona del estómago. Le sugerí entonces que, centrándose en esa sensación, dejara ir su mente hacia atrás en el tiempo hasta la primera vez en que notó algo similar, aunque la situación fuese totalmente distinta. Tras un minuto, abrió los ojos sorprendido y me contó una historia que inicialmente no había conectado con el incidente del coche ni con su pasada depresión.

Bastante tiempo atrás, hubo un accidente en la fábrica donde trabajaba. Un compañero suyo cayó en un bidón de residuos tóxicos y él, instintivamente, trató de ayudarlo. Estaba claro que nadie que se sumergiera en aquella sustancia sobreviviría, pero Ramón metió la mano, localizó el cuerpo de su compañero y, al tirar con fuerza, notó que algo crujía. Mientras sacaban al compañero muerto, él no dejaba de pensar que le había roto el cuello. Aunque entendía que no había sido responsable, aquel recuerdo aún le producía mucha angustia. Contra toda lógica, Ramón se sentía culpable.

Con otro tipo de terapias, nuestro trabajo habría sido diferente. Desde una terapia cognitivo-conductual, trataríamos de **cuestionar las creencias** sobre el acontecimiento y **cambiar la perspectiva**. Desde una orientación psicodinámica, **exploraríamos las raíces del sentimiento de culpa**, y su posible relación con el impulso de tirarse del coche, entendiéndolo como un intento inconsciente de castigarse por ello. Sin embargo, el accidente de su amigo parecía un hecho tan claramente traumático que le propuse a Ramón recurrir a la terapia EMDR. Así que, sin hablar demasiado sobre la situación, nos pusimos manos a la obra. Le pedí que se centrara en el peor momento (el chasquido que notó al tirar hacia arriba del cuerpo de su compañero), en su creencia «soy culpable», en la emoción de impotencia que aún le producía y en aquella sensación que sentía en el estómago. Le indiqué que, notando eso, siguiese mis dedos —que dibujaban una línea horizontal de lado a lado— con los ojos, sin mover la cabeza.

Entonces ocurrió otra cosa sorprendente. Primero, de un modo muy rápido, entre tanda y tanda de movimientos oculares, Ramón empezó a describirme cambios en el recuerdo de aquella experiencia, iba observando cómo la imagen perdía fuerza. La sensación de su estómago comenzó a aflojarse; luego, se desplazó; y, finalmente, desapareció. Pero lo más curioso fue la conclusión a la que llegó: «Esto que me estás haciendo... influye en el cerebro, ¿verdad?». De algún modo, aquel hombre, que no sabía nada sobre psicología ni sobre la terapia que estábamos llevando a cabo, al que yo no había tratado de convencer de nada, me estaba describiendo lo mismo que me habían explicado en la formación sobre el **EMDR: el movimiento ocular produce un efecto directo sobre el sistema nervioso y sobre las memorias no procesadas.** Al acabar la sesión, Ramón ya no sentía malestar alguno ante aquel recuerdo que lo había atormentado y que ahora se había alejado para siempre. La culpa se había ido sin más, sin que tuviésemos que hablar de ello ni analizar nada. Vi a Ramón cierto tiempo después: aquel impulso no volvió a presentarse y él no necesitó, como la vez anterior, tomar ninguna medicación.

Este resultado despertó mi curiosidad y me hizo seguir probando el mismo sistema en otras personas. No en todas se produjo un cambio tan llamativo, y menos en una sola sesión, pero los efectos positivos me animaron a continuar profundizando. Muchos pacientes con los que llevaba tiempo trabajando **entendían qué debían cambiar** para mejorar, pero aun así no conseguían avanzar más. Al trabajar con el EMDR, sin embargo, parecían **desbloquearse** definitivamente. Es como si este procedimiento trabajase a otro nivel, a mayor profundidad, en la base del problema. En esta forma de entender el funcionamiento de la mente humana **se enlazaban el presente y el pasado, los pensamientos, las emociones y el cuerpo,** de un modo que para mí tenía muchísimo sentido.

Desde que atravesé esa puerta hacia el otro lado, hacia lo que había detrás de los síntomas que presentaban las personas a las que ayudaba, ya no he vuelto atrás. Han pasado los años y me sigue pareciendo un área fascinante. Desde entonces, se han publicado muchísimas investigaciones sobre por qué los movimientos oculares producen este tipo de efecto, así como respecto a las aplicaciones clínicas de la terapia EMDR. Mis pacientes me enseñaron cosas aún más importantes, de las que iré hablando en los distintos capítulos. Para mí, el EMDR no es solo mi forma central de trabajo, sino un modo de entender el funcionamiento de la mente humana y de ayudar a deshacer los nudos emocionales. Soltar el lastre del pasado cambia de manera radical nuestro modo de vivir el presente, nos permite realmente **estar**. Esa es la historia que quiero contar en este libro.

PARTE 1

CUIDARNOS Y SER CUIDADOS

LAS CICATRICES NO DUELEN

En medicina sabemos que tapar una herida sin limpiarla no es buena idea y que, aun después de hacerlo, lo mejor es dejarla secar al aire. Así el organismo hará lo que sabe hacer desde su sabiduría natural: la herida se irá cerrando, dejará de doler y se convertirá en una cicatriz. Al mirarla tiempo después, recordaremos lo que pasó, pero ya no sentiremos aquello que sentimos cuando nos hicimos esa herida. En cambio, si preferimos no mirar, tapamos la herida y decimos que no existe, que no nos molesta, que no es para tanto, el organismo seguirá su proceso independientemente de nuestras afirmaciones. Cuando una herida está contaminada, se infecta y puede formarse un problema de más envergadura. Para afrontar esa infección, nuestro organismo necesitará recursos y energía que no podremos dedicar a otras cosas. Algunas infecciones pueden, además, expandirse, minando nuestra salud gravemente.

Las **heridas emocionales** no son muy distintas. Cuando algo nos daña, es importante que observemos qué nos está generando, cómo nos afecta, qué emociones nos hace sentir. Las emociones también han de ventilarse, salir a través de la conciencia, mostrarse en nuestra expresión y tomar la forma de palabras o gestos que nos comunican con los demás. Las emociones nos dicen el significado de lo que ocurre y también lo que necesitamos, y si las dejamos fluir nos irán llevando hacia ello.

Los **procesos de curación emocional** tienen, por tanto, un curso natural que hemos de respetar. La tristeza, por ejemplo, ha de derramarse en lágrimas, dejando así salir la presión. Como la tristeza se genera habitualmente por una pérdida, lo que produce aún más alivio es la conexión con otro ser humano que resuene con nosotros, el abrazo de alguien que nos comprende. Si hacemos esto, la tristeza durará un tiempo y, poco a poco, se irá. Quedará una cicatriz emocional que nos dirá: «Aquello fue importante para mí, me dolió perderlo», pero ya no nos detendrá. Entonces será cuando realmente podremos seguir adelante.

Hay otro motivo por el cual conviene que tomemos conciencia de cuándo tenemos heridas mal curadas. Muchas veces, cuando se produjeron, realmente no había buenas opciones. Quizá no pudimos ocuparnos de ellas porque teníamos temas urgentes que atender y estábamos en modo «resolver y sobrevivir». O creímos que era mejor ocultarlas a los demás para que nadie se aprovechase de nuestra debilidad en ese momento. A lo mejor no eran heridas sangrantes y terribles, sino pequeños golpes que acabaron dañándonos porque se repitieron una y otra vez. Puede incluso que fuesen únicamente posturas antinaturales que tuvimos que adoptar para ajustarnos al lugar y las personas con las que estábamos. Pero, recordemos, **ninguno de esos condicionantes sigue vigente hoy**. Aunque viviéramos con la misma gente o pasásemos por la misma situación, el paso del tiempo ha hecho que ya no seamos la misma persona. **Hemos evolucionado**, conocido a otra gente, tenido otras experiencias, adquirido otros recursos. Ahora podemos pararnos a reparar lo que quedó a medias.

Cuando cambiamos de etapa (dejamos la infancia para hacernos adultos, comenzamos a vivir con una pareja, tenemos hijos, empezamos a trabajar, nos vamos de una relación que no nos satisfacía...) y dejamos de vivir una situación que nos impedía sentirnos libres y felices, queremos disfrutar de los nuevos tiempos. Es como si *mirar* atrás fuera para nosotros equivalente a *volver* atrás. Creemos que, al mirar nuestra historia, esta volverá a atraparnos. Con el tiempo, a fuerza de no pensar nunca en ella, creemos que nuestro pasado ya no nos afecta..., pero no es así.

1. **Sí nos afecta.** Si nos paramos con detenimiento a recordar situaciones concretas y, mientras lo hacemos, observamos nuestras sensaciones, lo que notamos por dentro, veremos que la sensación no es tan neutra como nos parecía. Quizá no nos haga sentir tan mal como en aquel momento, pero si comparamos nuestra sensación con la que nos produce pensar en algo neutro (por ejemplo, un geranio), el recuerdo posiblemente tenga un tono más desagradable.
2. **Sí nos importa.** Ese recuerdo que todavía tiene carga emocional puede estar conectado con redes de memoria que alimentan, por rutas subterráneas, situaciones de la vida cotidiana que podrían no tener ninguna relación obvia con todo aquello. Cualquier recuerdo que aún esté asociado a emociones, especialmente si son negativas, puede seguir lastrando nuestra vida, llevándonos a reaccionar en el aquí y ahora con patrones antiguos que ya no encajan en nuestra realidad presente.

3. **Hay otra opción.** Estos recuerdos que siguen teniendo emociones pegadas a ellos pueden volverse neutros. No importa lo mucho que todavía sigan doliendo las heridas: si las destapamos, quitamos lo que las contamina y dejamos que el organismo vuelva a poner en marcha su capacidad para curarse, se convertirán en cicatrices. Y las cicatrices no duelen.

Begoña tiene cincuenta y cinco años y no le va mal. Se separó hace unos años, pero no echa de menos tener pareja. Su trabajo le gusta, tanto que reconoce que la absorbe demasiado. Tiene dos hijos que ya no están en casa, uno de los cuales aún está estudiando. Aunque todo parece en orden, Begoña no puede dormir. No le gusta mucho tomar pastillas, pero estaba tan desesperada que le pidió un medicamento a su médico. Como ese remedio no resolvió gran cosa, decidió probar con psicoterapia y eligió a una terapeuta que hacía EMDR. Por lo que había leído, Begoña sabía que ese tratamiento incluía trabajar con recuerdos del pasado, pero le insistió a la psicóloga en que solo quería que hablasen del tema del sueño y cómo mejorarlo. Acordaron dedicar unas sesiones a entender este problema, cuándo había empezado y qué factores influían en él. El insomnio se había iniciado con el nacimiento de su primer hijo. Parecía lógico, había que despertarse para dar el pecho al niño, que lloraba bastante por la noche. «Si tienes hijos, nunca vuelves a dormir igual», comentaba con sus amigas, y todas asentían. El tema fue más o menos asumible durante años, aunque nunca tenía la sensación de dormir en condiciones, y en ocasiones se notaba cansada durante el día. Cuando su segundo hijo cumplió diez años, la relación de Begoña con su marido se deterioró mucho. No sabía ni por qué discutían, probablemente él tampoco. La situación se hizo insostenible y ambos decidieron separarse. Ella se quedó con una sensación agridulce y, aunque estuvo de acuerdo con la decisión, no pudo volver a dormir de un modo mínimamente aceptable. Con el tiempo, el problema había ido a peor y ahora estaba francamente agotada.

Tras entender las circunstancias que habían generado y empeorado gradualmente su insomnio, Begoña estuvo de acuerdo en trabajar con esas memorias antiguas, pero frenó los intentos de su terapeuta de remontarse más atrás; le parecía ya demasiado. Sin embargo, en la sesión en la que trabajaron un recuerdo de la etapa en que nació su hijo, la mente de Begoña empezó a relacionar espontáneamente aquellas sensaciones con muchas otras cosas. Su propia infancia venía una y otra vez a su cabeza, incluidas las frecuentes discusiones de sus padres y su separación cuando ella era adolescente. Begoña se decía que no eran problemas graves, que pasan en todas las familias, pero lo cierto es que aún le generaban malestar. También recordó muchas noches de niña preocupándose por si sus padres se separaban. Cuando finalmente lo hicieron, incluso sintió cierto alivio..., y esto la hizo sentir culpable.

Recordarse de pequeña con problemas para dormir debido a aquellas complicaciones familiares fue una sorprendente revelación para Begoña. Entendió que era importante **procesar** esos recuerdos y también las dificultades que había vivido en su matrimonio y su divorcio. Al hacerlo, comprobó que muchas cosas que creía que no la afectaban sí habían dejado un poso. Ninguno de esos recuerdos era terrible, pero todos, en su conjunto, le estaban, literalmente, quitando el sueño. Su cerebro trataba cada noche, sin éxito, de metabolizar esas experiencias. Es difícil pasar la aspiradora si todo lo que hay que limpiar se ha escondido debajo de la alfombra.

Cuando terminó el trabajo, Begoña no solo empezó a dormir mejor. Un tiempo después, empezó una nueva relación de pareja. Aunque creía que tras su divorcio no tenía interés en plantearse de nuevo esa opción, y que no veía a nadie que la hiciese cambiar de opinión, lo cierto es que, sin darse cuenta, ella misma había neutralizado todas sus oportunidades. Si nuestras heridas no han curado, nos parece que la única opción que tenemos es proteger la zona para que nada la roce. Pero cuando han cicatrizado, ya no hace falta tomar tantas precauciones. La vida nos ha enseñado que, **aunque nos hagamos más heridas, estas siempre acaban curando** y dejando de doler.

AYUDÉMONOS A MEJORAR

Muchos mensajes de autoayuda se centran en la misma idea: «Si quieres, puedes». Nos intentan convencer así de que basta con proponernos algo para conseguirlo, de que es suficiente con decirnos algo para creérnoslo. Junto a estos consejos, que se repiten en distintas versiones, están los comentarios bienintencionados de personas que, al ver a otro sufriendo un problema emocional, le dicen: «Tienes que animarte, tienes que poner de tu parte». También es frecuente oír frases similares dichas por personas que no han pasado nunca por algo así y piensan que los otros se deprimen porque quieren, por simple falta de voluntad.

Ese tipo de comentarios puede vivirse como una incomprensión dolorosa. Cualquiera que haya sentido ansiedad sabe lo indignante que resulta escuchar cosas como «venga, relájate» o «no te pongas así, no es para tanto». Además, esas frases generan en aquellas personas que sufren el problema un gran sentimiento de culpa, llegando a creer que, si los otros piensan eso, quizás es porque ellas mismas no han hecho lo suficiente por ponerse bien. Al sentir que lo que les ocurre no es considerado legítimo por los demás, se sienten acusadas de exageradas, cuentistas o vagas. Esto, como es lógico, no contribuye a su recuperación.

Es cierto, sin embargo, que tenemos siempre cierto margen de maniobra. Como veremos al hablar del autocuidado, una depresión es diferente si **hacemos cosas que nos ayudan**, si **somos comprensivos con nosotros mismos**, si **dejamos de hacer lo que nos perjudica** y, por el contrario, **buscamos ayuda** y **nos dejamos ayudar**. Muchas personas con depresión se encierran en casa y se meten en la cama todo el día, con las persianas bajadas. Este estado de autoabandono, junto con la falta de luz y de ingredientes positivos durante la jornada, empeora aún más su estado. A mayores, pueden pasarse el día culpándose duramente por estar así, bebiendo alcohol (es sabido que baja el estado de ánimo) y resistiéndose a ir a un terapeuta o a aceptar la ayuda que tratan de ofrecerles los que les rodean. Todo esto, sumado, profundiza muchísimo más el estado depresivo y lo alarga en el tiempo, incluso durante años.

Ahora bien, aunque no nos dejemos llevar por la tendencia al autoabandono y tratemos de controlar el «automachaque», aunque los demás intenten ayudarnos, no siempre es fácil. **Una depresión importante necesita ayuda profesional**, y ahí podemos optar por muchas posibilidades diferentes, como veremos en los siguientes capítulos.

Lo mismo puede decirse respecto de las personas que sufren ansiedad, a las que ya les gustaría tranquilizarse o relajarse como les aconsejan quienes las rodean, y de aquellas que se obsesionan con alguna cosa y no encuentran el modo de quitarle importancia al tema. En todas estas situaciones, **sí que podemos hacer algo**, aunque ese «algo» que hacemos puede ir a nuestro favor o en nuestra contra. Sin embargo, no todas las dificultades pueden solucionarse simplemente con cambios de hábitos o poniendo voluntad en mejorar. Hay muchos problemas emocionales que son como nudos que se aprietan más y más fuerte cuanto más tratamos de deshacerlos, convirtiéndose en bloqueos que no nos dejan avanzar.

Deshacer los nudos que nos atrapan

En mis primeros años de profesión, empleé herramientas cognitivo-conductuales para proponer cambios en sus comportamientos y creencias a las personas que acudían a mi consulta. Buscaba también patrones de relaciones con los demás que pudiesen estar en la base de sus problemas. En muchos casos llegamos a entender algunas claves e identificamos dificultades, sobre las que trabajamos consiguiendo hacer cambios importantes. Pero otras personas, sin embargo, pese a que decían querer avanzar y ponían energía en ello, parecían atascadas en el intento. «No consigo hacer lo que me dices..., sé que me vendría bien, pero no puedo», explicaban. Repetían una y otra vez cosas que sabían de sobra que les hacían mal, se relacionaban con su familia siempre de maneras que no eran buenas para nadie... En ocasiones, conseguían hacer algunos cambios después de la sesión, pero al poco tiempo se veían atrapadas de nuevo en el mismo bucle. ¿Por qué les ocurría esto?

Cuando el problema de una persona se alarga (se hace crónico) y las soluciones que se ensayan no parecen servir, se genera en los que están tratando de ayudar un sentimiento de impotencia. Nada parece funcionar, y la desesperación ante esta situación puede llevar a que las personas cercanas acaben por culpar del problema a quien lo padece, recriminándole que no hace nada por salir de su estado y dándole consejos, aunque sin esperanza de que los vaya a seguir. Los terapeutas no somos ajenos a esta tendencia, y muchas veces los pacientes que no mejoran acaban etiquetados de «resistentes» o términos similares, como si ellos tuvieran la intención de negarse a ponerse bien o todo se debiera a una actitud caprichosa e injustificada.

Es cierto que **los seres humanos somos complejos** y en ocasiones nos aferramos a nuestros problemas o a nuestras creencias negativas. Nos asusta más el cambio que seguir mal, no nos vemos capaces de hacer las cosas que nos podrían ayudar, o tememos perder a las personas que se ocupan de nosotros si empezamos a valernos por nosotros mismos. Pero, a menudo, simplemente estamos bloqueados por circunstancias de las cuales no somos ni siquiera conscientes.

Con muchas personas que se enfrentaban a tales bloqueos, en esta primera etapa de mi profesión había intentado todo lo que conocía, sin resultado, para lograr ayudarlas. Ellas fueron las primeras con las que me animé a probar el EMDR y, cuando localizamos los recuerdos a partir de los que habían empezado sus problemas, procesarlos dio lugar a un cambio enorme en sus vidas. Era como si, una vez roto ese hilo con el pasado, las personas fueran capaces de poner en práctica todo lo que habíamos ensayado, y muchas más cosas que a mí no se me habían ocurrido. Podían aprovechar sus propios recursos, y también **buscar soluciones más creativas**, hacer cambios.

No quiero decir con esto que el EMDR puede solucionarlo todo, pero sí me ayudó a ver el origen de muchos bloqueos en terapia que no conseguía entender: había una parte del problema que sencillamente no habíamos considerado. Jonathan Bisson publicó con otros colegas en 2007 una revisión de distintos tratamientos sobre el estrés postraumático que enlaza con esta observación que yo hice en mis pacientes. Venía a concluir que, cuando hay trauma, las terapias que abordan esos traumas funcionan mejor que las que no lo hacen. Pura lógica, por otro lado, pero lo más obvio puede no serlo si no lo miramos con las gafas adecuadas.

La seguridad nace desde dentro

Sebastián tenía treinta y cuatro años y trabajaba desde hacía mucho como profesor de secundaria. Le encantaba su trabajo y conectaba muy bien con los alumnos, pero cuando se alteraban y tenía que ponerse firme, hacerlo le suponía un sobreesfuerzo enorme y siempre acababa sintiéndose un mal profesor. Procuraba mantenerse al margen de las frecuentes guerrillas que surgían entre sus compañeros de trabajo y, tratando de buscar un buen ambiente, fue cambiando de centro.

Finalmente, se asentó en un lugar donde formó una familia, así que marcharse dejó de ser una opción. Por eso, cuando un colega bastante autoritario pasó a ser jefe de estudios, Sebastián empezó a bloquearse. Acudió a mi consulta y, durante varios meses, trabajamos en sus capacidades para afrontar la situación, ensayamos otros modos de relacionarse y de decir las cosas, tratamos de entender sus temores y de desarrollar nuevos recursos, nuevas perspectivas. Sebastián se implicaba activamente en todo lo que yo le proponía, pero plantarle cara a su jefe, a sus alumnos, y en general a cualquiera, se le hacía un mundo. Él me había contado que su padre era muy autoritario y se lo había hecho pasar muy mal a su madre. Sebastián era consciente de que esto podía haberle influido, entendía su problema, quería realmente solucionarlo, hacía múltiples intentos, pero una y otra vez me decía: «Hay algo en mí que no me deja avanzar». Nos habíamos encontrado con un nudo y yo no hallaba el modo de ayudarle a deshacerlo.

Con Sebastián comprendí que una cosa es hablar de lo que nos ha sucedido y otra, muy distinta, desbloquear esos recuerdos en profundidad. Seleccionamos diversas situaciones en las que su padre gritaba a su madre o culpaba duramente a Sebastián cuando se equivocaba, junto a otras en las que algunos profesores lo habían tratado con excesiva dureza. Cuando las trabajamos con EMDR, esas memorias que lo bloqueaban perdieron toda su fuerza emocional. Al hacerlo, Sebastián pudo —literalmente— romper los hilos que lo mantenían atado a un pasado que podía entender, pero no resolver. Esto tuvo varios efectos. Por un lado, muchas sensaciones de malestar que resonaban con su historia de la infancia dejaron, simplemente, de aparecer. La culpa que frecuentemente lo atormentaba en muchas situaciones del día a día se esfumó también. Pero lo más llamativo para mí fue que, por fin, empezó a poder poner en marcha todas las cosas que habíamos ensayado en la terapia, e incluso muchas otras que le surgieron de modo espontáneo. Tener autoridad en clase se hizo algo natural, lógico y sencillo. Pudo hacer entender a sus alumnos que las normas estaban para cumplirlas sin renunciar a introducir cierto sentido del humor y sin dejar de ser sensible a lo que había detrás de los comportamientos de los chicos. Los problemas con el jefe de estudios de su centro le parecieron cada vez menos importantes y, como curioso efecto colateral, este dejó de dirigir su hostilidad hacia él y pasó a obcecarse con otros temas. Sebastián ya no se bloqueaba, se mostraba más seguro de sí mismo, y cambiar su modo de funcionar no era ya algo en lo que tenía que esforzarse, sino que le nacía de dentro.

Como comentaba antes, el EMDR no es un remedio mágico, pero sí que trabaja de un modo diferente. No funciona desde la lógica, desde el análisis, y no se dan pautas al paciente. Gracias a las personas con las que trabajé en ese tiempo, con las que había hecho mucho trabajo previo, logré ver lo que significaba **desbloquear los nudos emocionales desde su base.**

UN VIAJE APASIONANTE

No hay exploración más interesante que la de nosotros mismos, la de nuestras raíces, nuestra historia, nuestras claves internas. La banda sonora de esta película está compuesta por emociones que se combinan en sentimientos complejos y diversos. Los subtítulos, porque se trata de una película en versión original, son las creencias que ponen nombre a lo que cada escena nos dice sobre nosotros, sobre quiénes somos y cómo nos situamos frente al mundo. Cuando nuestras experiencias no han sido asimiladas por completo, las escenas se repiten una y otra vez, con personajes sin profundidad ni matices. Es una historia previsible en la que adivinamos un final sin sorpresa ni descubrimiento.

Otras veces, el relato de nuestra vida no es realmente nuestro. Quizá sea una historia triste, aburrida, sin notas de ilusión, de deseo, sin nada extraordinario ni único. Desprovista de emociones o matices, es una película sin banda sonora, sin argumento, en la que no existimos como personajes. Lo mismo puede ocurrir con una versión muy distinta, una película llena de escenas de acción y efectos especiales espectaculares, pero con un guion sin originalidad, protagonizado por personajes planos y que cuenta una historia que nos deja vacíos. Ambas opciones nos hablan del precio de la desconexión, de renunciar a vivir. Un precio que no tenemos por qué pagar.

En este viaje tenemos mochila, bicicleta y un camino por recorrer. Si nuestra mochila está muy cargada, nos conviene pararnos a ordenarla y sacar de ella todo lo que no nos nutra y nos hidrate, lo que no nos proteja y nos cuide. Hemos de ver si las ruedas de nuestra bicicleta giran de modo sencillo y si el manillar nos lleva en la dirección que nosotros marcamos. De no ser así, tendremos que dedicar tiempo a restaurar el buen funcionamiento del vehículo que nos va a transportar. Las piezas de esta bicicleta imaginaria son nuestro sistema nervioso y nuestro cuerpo, las emociones y los modos de regularlas, la forma en que nos cuidamos y nos relacionamos. Dependiendo del volumen de nuestra mochila, habremos de dedicar tiempo a **deshacernos del peso innecesario.**

Las experiencias vitales que nos lastran pueden perder fuerza, pero esto no lo conseguiremos diciendo que no están ahí, o que podemos con todo. No sirve tratar de correr hacia delante, porque nuestra historia nos acompaña siempre, pensemos en ella o no. Al mirar esas experiencias, al ponerles palabras, al comunicarlas, la roca más grande puede ir deshaciéndose y convirtiéndose en arena. La arena es más fácil de arrastrar por el viento. Del mismo modo, cuando una experiencia está procesada, a nuestro sistema nervioso le será mucho más fácil de digerir. Lo hará por sí solo, con ayuda del paso del tiempo.

Cuando pensemos en trabajar en nuestros recuerdos, es importante el modo en que nos dibujamos este proceso. Las imágenes de nuestra mente son poderosas. Resolver nuestra historia no tiene que ver con caer a un abismo de dolor, sino con deshacer y aliviar ese dolor, cuando por fin la vida nos lleva a un momento en el que esto es posible. Hacer esto es lo que nos permitirá avanzar.

Después de trabajar en nuestra carga acumulada, toca empezar el camino. Iremos viendo ya que caminamos con mayor ligereza, aunque pueden aparecer nuevos obstáculos. También tendremos que aprender a manejar nuestra bicicleta restaurada. A medida que nos conozcamos mejor y adquiramos mayor habilidad, nos atreveremos a aventurarnos en territorios más complejos, más desafiantes, y nuestras capacidades y nuestra forma física mejorarán. Traducido al mundo emocional, a ese progreso lo llamamos *experiencia* y nos permite **desarrollarnos, crecer, avanzar.**

Tal como se plantea en el EMDR, una psicoterapia no se reduce a encontrar unas buenas instrucciones para montar en bicicleta. Muchas terapias tratan de ayudarnos a mejorar nuestro estado emocional y nuestro funcionamiento en la vida, pero no van más allá, sino que, por el contrario, intencionadamente, se centran únicamente en el aquí y ahora. Sin embargo, el EMDR empieza sacando peso de la mochila de nuestra historia pasada y prosigue dedicando atención a la situación en el presente. Una vez resuelto lo de atrás, toca **aprender a vivir el ahora** sin aquellos lastres del pasado y trabajar en lo que aún puede bloquearnos en el día a día. A partir de este punto el trabajo quizá no necesite ser tan intensivo, pues la persona va más ligera y, por tanto, cada vez tiene más capacidad para decidir en su propio beneficio, para improvisar y para resolver. Sin embargo, muchas veces los nuevos patrones todavía no estarán establecidos y conviene cierta ayuda externa.

Además, **la vida es un viaje para el que conviene tener un plan.** Esto no significa tener prefijado todo lo que va a pasar, tratando de que nada nos sorprenda. La realidad es muy diversa y acostumbra a traernos cosas imprevistas e inesperadas. El modo de recuperar nuestra seguridad y fuerza es resolver nuestra historia emocional y confiar en nuestros recursos. Sin embargo, si en nuestro pasado ha habido historias difíciles, nuestro mapa vital estará confeccionado con esa información y miraremos al horizonte desde esa perspectiva. La inercia de nuestro funcionamiento anterior quizá no haya desaparecido totalmente por haber trabajado en el pasado y el presente, aunque ahora, después de haber dejado atrás una parte de nuestra pesada carga, podamos conducir una bicicleta estupenda con una mochila ligera y bien provista. Ahora sí que podremos mirar al futuro con ojos nuevos, trazar posibles rutas a distintos destinos y aprender a explorar.

En contra de lo que algunas personas piensan, el trabajo con EMDR no va de «escarbar en el pasado», sino de desmontar la influencia negativa de ese pasado. Su objetivo real es **poder vivir el presente de otro modo, más satisfactorio, sintiéndonos más conectados con nosotros mismos y con los demás.** Y una vez que estemos más libres de lastres en nuestro día a día, podremos mirar al futuro sin que nos lo oculten nuestros viejos esquemas. A partir de ahí empieza una historia de las que valen la pena.

MUCHO MÁS QUE DESAHOGARSE O RECIBIR CONSEJOS

Muchas personas no se plantean hacer un tratamiento de psicoterapia porque lo consideran equivalente a hablar con alguien de sus problemas o a recibir consejos. Otros utilizan el argumento de «yo no creo en los psicólogos» para rechazar de plano esta opción. En realidad hay muchísimas formas distintas de psicoterapia, que parten de teorías variadas y utilizan métodos muy diferentes. Veamos qué representa esto con un ejemplo.

Sara notaba mucho agotamiento desde hacía meses, así que acudió a su médico de cabecera pensando que podía ser una anemia o alguna otra enfermedad. Todas las pruebas fueron normales y, a la vista de sus síntomas, el médico le dijo que se trataba de una depresión. Con buen criterio, le aconsejó que, antes de empezar a tomar fármacos, probara a hacer terapia. Así que Sara buscó referencias y visitó a un psicoterapeuta que le recomendó una amiga.

Distintas perspectivas sobre un mismo problema

Voy a contar la misma historia varias veces, para ver cómo sería la consulta de Sara con distintos profesionales, cada uno de los cuales trabaja desde un modelo en particular:

- En la consulta de un **terapeuta cognitivo-conductual**, Sara reflexionó sobre sus conductas, en qué invertía el día y cuáles de esas actividades podían alimentar o contrarrestar su depresión. Se dio cuenta de que dedicaba sus pocas energías a realizar tareas que le suponían mucho esfuerzo, como hacer los deberes con sus hijos (que no tenían mayores problemas en el colegio) u ordenar los armarios. Solía ser una persona diligente y ordenada, y no conseguir hacerlo todo con el nivel al que estaba acostumbrada antes le resultaba intolerable. Además, en su jornada diaria no había actividades agradables que la hicieran sentir un poquito mejor. Como no disfrutaba mucho de ninguna cosa, y leer —una de sus aficiones favoritas— le resultaba ahora muy difícil, simplemente no hacía nada. Tampoco llamaba a personas que le transmitían buenas sensaciones, que la ayudaban con su apoyo, porque «no quería molestar».

  El primer paso que el terapeuta le propuso fue planificar su actividad dando más presencia a las cosas que la hacían sentir «algo menos mal», poniéndolas por delante de aquellas que le suponían más esfuerzo. Luego, Sara aprendió a observar y registrar sus pensamientos automáticos, aquellas frases que rondaban por su cabeza y que la hacían sentir peor. Vio que su modo de analizar la vida estaba lleno de criterios radicales: para ella, todo lo que no fuera perfecto resultaba inadmisible. También aparecía mucho en su mente la palabra «debería», enfadándose consigo misma por todo lo que tendría que estar haciendo y no hacía, con lo que su malestar aumentaba. Además, veía el porvenir muy negro: de todos los futuros posibles, se centraba en la peor opción y se angustiaba como si fuese seguro que iba a pasar. Se dio cuenta de que estaba sufriendo por cosas que quizá nunca llegaran a ocurrir. A medida que apuntaba sus pensamientos y los cuestionaba, estos dejaron de ser tan automáticos. Así, cuando aparecían, ella era más capaz de cambiar su perspectiva. A medida que cambiaba su forma de contarse por dentro lo que ocurría, Sara transformó su estado de ánimo, comenzó a mejorar y, poco a poco, fue capaz de retomar el control de su vida.

- En la consulta de un **terapeuta psicodinámico**, Sara exploró el origen de su problema siguiendo los modelos derivados del psicoanálisis. Habló de su historia, empezando desde su infancia, mientras el terapeuta la animaba a detenerse en algunas situaciones y la ayudaba a hacer reflexiones. Vio que la relación con su madre había sido determinante, generando en ella una alta autoexigencia. Era hija de una mujer profundamente insatisfecha, la cual probablemente pasó por etapas depresivas que no fueron diagnosticadas ni tratadas, y esto generó en Sara el esquema de que una mujer no puede alcanzar lo que desea. Su sentimiento central ante la vida era de impotencia y, bajo esta, Sara fue viendo la rabia que se acumulaba por su inconsciente renuncia a sus deseos. De hecho, se había unido a un hombre que no creía que le aportara nada, pero con el que podía sentirse imprescindible. El terapeuta ayudaba a Sara haciéndole preguntas, estimulando sus reflexiones y señalándole puntos en los que ella no se había fijado. La insatisfacción de Sara se proyectó también en la terapia, y empezó a sentirse molesta por los escasos avances que lograba, reproduciéndose en la relación terapéutica los mismos patrones que aparecían en sus relaciones significativas. Tomar conciencia de ello, poder hablarlo con el terapeuta y entender su propio sistema de funcionamiento supuso un punto de inflexión para Sara, que después se trasladó al resto de sus interacciones.

- En la consulta de un **terapeuta que trabajaba con *mindfulness***, este ayudó a Sara a observar sus sensaciones sin juzgarlas ni tratar de interferir. Esto no es lo que ella acostumbraba a hacer, ya que estaba continuamente reprochándose no llegar a más, y se enfadaba consigo misma por sentirse como se sentía. Hicieron muchas visualizaciones y ejercicios de meditación, que ella repitió en casa a diario. Estas herramientas la ayudaron a distanciarse un poco de sus emociones, en lugar de sumergirse en ellas. También pudo ver sus pensamientos como un producto de su mente. Al observarlos, en lugar de quedarse en bucle y sentirlos como verdades incuestionables, esos pensamientos perdieron peso y se fueron haciendo menos presentes. Más adelante empezaron a practicar ejercicios de autocompasión, en los que ella se veía a sí misma y aprendía a mirarse sin juicio, con más comprensión de la que solía tener hacia sus propias debilidades y problemas. Todo ello ayudó a Sara a meterse menos presión y a no hundirse en sus emociones y pensamientos. Pudo notarlos y, a la vez, tratar de ayudarse con ellos. Esto contribuyó a que hiciese más cosas que la beneficiaban en su actual situación, no porque el terapeuta se lo indicase, sino porque le salió de modo natural. Cambiar el modo en el que se miraba a sí misma le llevó tiempo, pero ese cambio condujo a muchos otros, no solo en su estado emocional, sino también en sus relaciones con los demás.

- En la consulta de un **terapeuta familiar**, la tarea se centró en ver cómo era la relación de Sara con las personas más representativas de su círculo cercano. De todas ellas, ambos consideraron que era fundamental trabajar con su relación de pareja. El terapeuta profundizó en el sistema que formaban Sara y su marido, más que en los factores internos que la habían llevado a elegir a ese compañero y en las raíces de esa elección. El marido de Sara también tenía sus propios problemas. No había llegado a conseguir funcionar en ningún trabajo y su aportación a la economía doméstica era irregular. Sara siempre sentía que el peso de la subsistencia familiar recaía sobre ella, que tenía que encargarse también de supervisar las actividades de su hija, organizar la intendencia de la casa y muchas otras cosas. Aunque sentía un resentimiento de fondo hacia su pareja, no lo expresaba más que cuando se producía alguna situación de mayor envergadura y acababa explotando. Jaime, el marido de Sara, era un hombre bastante introvertido, que cuando se veía ante un problema tendía a evitar enfrentarse. Aunque inicialmente le había gustado lo decidida que era Sara, con el tiempo se fue sintiendo más y más inútil frente a ella. Eso había llevado a que Sara se encargara de más cosas cada vez, saturándose hasta el extremo. Cuando Sara explotaba y le decía algo a Jaime, este se retraía aún más y se sentía peor. Ambos estaban siguiendo una y otra vez los mismos pasos en un baile que a ninguno le gustaba, pero del que parecían incapaces de salir. La terapia consistió en poner de manifiesto la dinámica de la relación de pareja y proponer nuevas experiencias y cambios. Ambos participaron en las tareas y, poco a poco, cambiaron su modo de funcionar. A medida que lo hacían, el estado emocional de Sara mejoró.

Podríamos seguir viendo diferentes modelos de tratamiento, incluso dentro de cada orientación. Algunos tipos de terapia familiar se centran en explorar qué se ha intentado para solucionar la situación y proponer cambios. Otros analizan la estructura de la propia familia, así como también la de las familias de origen, y plantean alternativas a esa estructura. También pueden trabajar sobre la narrativa, es decir, lo que la persona y la familia se dicen sobre lo que está ocurriendo. En resumen, más que pensar si puede ayudarnos o no, es más realista plantearnos cada tipo de terapia como un tratamiento completamente diferente, y buscar cuál se ajusta mejor a nosotros.

Probar una terapia

Muchas terapias han demostrado su utilidad para mejorar problemas emocionales, e incluso físicos. Sin embargo, para poder saber si estos tratamientos nos funcionan a nosotros, hemos de llevarlos a cabo. Una terapia requiere tiempo, y «probarla» no consiste en ir un par de días a ver a un terapeuta y descartar el intento dando por sentado que no va a servir de nada. Sara se podría haber beneficiado de todas estas terapias tan distintas, pero, como hemos visto, participaba activamente en todas ellas. La terapia que no puede funcionar, con toda seguridad, es la que no hacemos.

Otra referencia importante a la hora de elegir una terapia son las Guías Clínicas, que recogen las recomendaciones de los expertos tras revisar los estudios sobre los distintos tratamientos. Aquellas que obtienen los mejores resultados son consideradas **«terapias de primera elección».**

No es que las terapias que no figuren en estas guías no funcionen, lo que pasa es que no tenemos pruebas de que sí lo hagan. Al menos, no por el momento.

Cómo escoger a un buen terapeuta

La psicoterapia no consiste en dos o tres pautas, es una disciplina compleja que requiere una **formación adecuada y en profundidad.**

Es imprescindible que el profesional sea **psicólogo o psiquiatra**. Estas dos formaciones dan una base clínica sólida para atender casos en los que han de ser valorados y tenidos en cuenta muchos aspectos. Si bien el factor personal y humano resulta esencial, es imprescindible que el profesional tenga una buena base.

Seguro que nadie se dejaría operar de apendicitis por una persona que no haya estudiado la carrera de Medicina, aunque asegure ser muy hábil con el bisturí.

Pese a lo dicho anteriormente, el factor humano es la base más importante. Es necesario que sintamos que **conectamos con la persona.** La psicoterapia siempre lleva consigo una relación personal, distinta de la amistad y de otras relaciones, por lo que hemos de sentirnos cómodos con el profesional con el que vamos a trabajar.

El profesional debe tener una **formación en la terapia específica** que queremos hacer. Esta formación ha de ser en profundidad y estar acreditada. Hacer un taller de *mindfulness* no capacita para aplicar esta herramienta con todos sus matices y variantes, y lo mismo con cualquier otro abordaje. En casi todos los estilos de terapia hay instituciones oficiales que acreditan a los profesionales según unos estándares de calidad, es importante buscar esas referencias.

La falta de regulación del campo de la psicoterapia hace que proliferen personas sin formación (o con formaciones no clínicas) que siguen cursos no acreditados y se anuncian como «terapeutas» de los más diversos sistemas de «tratamiento». Para la persona que busca ayuda para su problema, puede ser confuso elegir a un profesional adecuado.

El EMDR y otras terapias

- Como en la terapia cognitivo-conductual, analiza los disparadores presentes del problema y las creencias negativas que se activan.
- Como en la terapia psicodinámica, explora las conexiones de estos problemas con la historia previa, las asociaciones que la mente hace de modo espontáneo y el modo de situarse en las relaciones.
- Como en la terapia familiar, tiene muy en cuenta la historia de las relaciones y patrones de funcionamiento en el núcleo familiar.
- Como en el *mindfulness*, observa las emociones y pensamientos con distancia y aceptación, dejándolos fluir, y todo ello desde una mirada de comprensión y afecto hacia uno mismo (aunque en el *mindfulness* se habla de «autocompasión», prefiero describir ese concepto, y así lo haré más adelante, como **autocuidado**).

Sara descubre las trampas del pasado

Una de las cosas que más me gustan del EMDR es que nos permite una comprensión global de los casos. Aunque utiliza una metodología específica, recoge muchas cosas de las terapias que he descrito antes, sin ser simplemente una variante más de ninguna de ellas. Es por ello una psicoterapia muy integradora.

En la consulta de un **terapeuta EMDR**, Sara exploraría el inicio de la depresión que la llevó a pedir ayuda y lo que estaba ocurriendo en su vida en aquella época. También se fijaría en lo que activaba más intensamente su estado depresivo en la actualidad. La depresión de Sara se había generado por acumulación, poco a poco. Pero lo que marcó el punto de inflexión negativo fue un problema laboral. Bueno, no era exactamente un problema, sino una promoción en su trabajo a un puesto de mayor responsabilidad. Su autoexigencia, sumada a la actitud de su jefa —una mujer con cara de constante desaprobación— llevaron la presión interna a un nivel que ya fue incapaz de manejar.

Desde la imagen de lo peor de esa experiencia, Sara conectó con la figura de su madre, para quien, hiciera lo que hiciese, «nunca era suficiente». El trabajo con el EMDR la ayudó a entender cómo, a lo largo de su infancia, había caído en la trampa de intentar complacer a una madre atrapada en su propia insatisfacción. Aunque nada funcionaba, como niña no podía dejar de intentar lograr que la persona que la cuidaba le mostrara el orgullo que sentía, que la hiciese sentir aceptada tal y como era. Todos esos momentos en los que Sara intentó desesperadamente conseguir lo que nunca llegó fueron recuerdos seleccionados para trabajar sobre ellos. Sara analizó también su forma de cuidarse a sí misma, incluyendo lo que hacía cuando se sentía mal (enlazando con la teoría cognitivo-conductual) y cómo se veía y hablaba por dentro (en la línea de la autocompasión que propone el *mindfulness*). Al procesar esos recuerdos, así como las circunstancias presentes del trabajo y de su familia, Sara fue empezando espontáneamente a hacer cambios, a funcionar de otro modo, y a sentirse mejor.

Secar las raíces ayuda a derribar el árbol

Otro aspecto importante es la **comprensión de los vínculos** que nos unen a las personas que nos cuidaron de niños y a aquellas con las que convivimos. Esto tiene que ver con lo que denominamos *estilos de apego*, que en el caso de Sara se caracterizaban sobre todo por la distancia emocional, tanto de sus propias emociones como de las de los demás. Sara regulaba sus emociones a través del control, un modelo que había aprendido de su madre, o ignorando sus necesidades, lo que caracterizaba su relación con un padre bastante ausente. La verdad es que no tenía mucho donde elegir.

A diferencia de otros estilos de terapia, el objetivo del EMDR es el **procesamiento de los recuerdos** que están en la base de cada uno de esos elementos. Un terapeuta cognitivo-conductual se centraría en los comportamientos y creencias distorsionadas que potencian el estado depresivo. Para un terapeuta EMDR, en cambio, estos aspectos son puntos de partida desde los que buscar el origen del problema: dónde se aprendió ese patrón de autocuidado, cuándo aparecieron esas creencias en la mente del paciente. Aunque se hable de ellos en una primera fase de preparación, para que la persona entienda el trabajo que va a hacerse, esto solo es el preámbulo de una intervención más potente: desbloquear todos los recuerdos que siguen alimentando esos problemas.

Como en otras terapias, se tiene también en cuenta la historia pasada, las relaciones, el análisis de la estructura familiar, la capacidad para observar y diferenciar emociones y pensamientos. Pero la principal diferencia respecto a las demás es que, en el EMDR, entender todos estos elementos es solo la parte inicial del trabajo, no el objetivo terapéutico principal. Explorar estos aspectos es fundamental para desarrollar primero una comprensión amplia, profunda, distinta de lo que le ocurre a la persona y de cómo cambiarlo, pero no es lo más importante.

Al igual que en las terapias psicodinámicas y familiares, en el EMDR se explora la historia del paciente desde sus inicios y los patrones que arrastra desde generaciones atrás en su familia de origen. Sin embargo, al igual que en las terapias cognitivo-conductuales, se trabajará también con lo que ocurre en el aquí y ahora, con lo que sigue activando los problemas en el presente y la proyección hacia el futuro.

Aparte de esta **visión integradora** de los problemas que nos angustian, en el EMDR la fase de trabajo con las vivencias concretas —pasadas y presentes— que se han identificado como relevantes tiene unas características particulares. Se trabaja con cada recuerdo buscando una imagen representativa de lo peor de esa experiencia, de los sentimientos negativos hacia uno mismo que esa situación provoca en la persona y del cambio de perspectiva que quiere que se produzca a este nivel, así como de las emociones y sensaciones corporales que todavía están activas respecto a esas memorias.

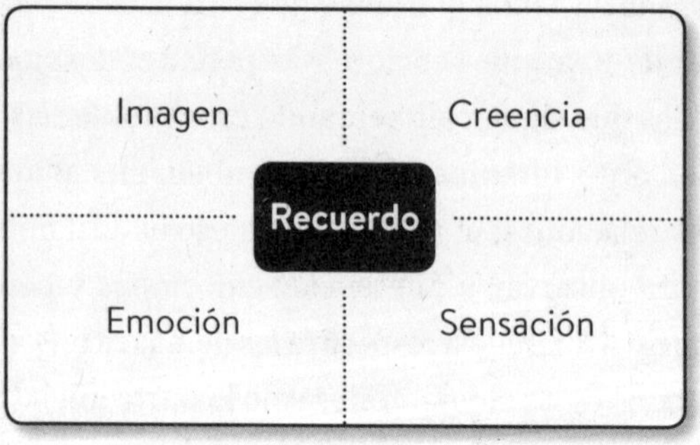

En el caso de Sara, el terapeuta la ayudó a desbloquear mediante movimientos oculares los recuerdos relativos a su madre, a su jefa y a su marido, gracias a lo cual ella pudo empezar a integrarlos y conectarlos con otras experiencias. Además, se trabajó en mejorar su autocuidado y sus recursos. Una gran parte del análisis que puede realizarse desde los otros abordajes que he comentado, en el EMDR se produce de modo espontáneo, a consecuencia del **procesamiento acelerado de información** que se pone en marcha en el cerebro, sin que se busque de modo intencionado y explícito. Mucho de lo que surge en la sesión también aparecería en otro tipo de psicoterapias, pero en el EMDR ocurre de modo más rápido, fluyendo de una cosa a otra. Y además, como veremos más adelante, el cerebro encuentra rutas sorprendentes para deshacer los nudos emocionales.

¿MOVER LOS OJOS PARA PROCESAR RECUERDOS?

Los movimientos oculares son uno de los elementos, aunque no el único, que explica el efecto de la terapia EMDR, desarrollada por la psicóloga estadounidense Francine Shapiro a finales de la década de 1980. Como se vio posteriormente, si se activaban ambos hemisferios cerebrales de forma alternante —por ejemplo, a través de toques en partes simétricas del cuerpo (una técnica llamada *tapping*) o por medio de sonidos alternantes que se escuchaban por uno u otro oído— se conseguía un efecto similar. Este elemento ha generado mucha controversia entre terapeutas y científicos, y también un gran interés en explorar qué relación puede tener este mecanismo con los procesos de memoria y su acción sobre los recuerdos bloqueados.

Vaya por delante que **el trabajo con los recuerdos no se limita a mover los ojos mientras se piensa en la situación pasada**. El proceso es más complejo y requiere otras intervenciones específicas, pero es importante que entendamos que los movimientos oculares tienen un efecto directo sobre los recuerdos y que este puede deberse a diversos mecanismos. El fenómeno es intrigante y queda mucho por descubrir respecto a cómo actúa, pero la investigación ha aportado luz sobre algunos aspectos. En YouTube (<youtu.be/oi2pSSTOnaI>) se puede ver la conferencia que di a finales de 2018, en el Congreso de la Asociación EMDR España, sobre el papel de los movimientos oculares y la evidencia científica disponible en aquel momento. Desde entonces se han publicado algunos estudios de relevancia que recojo en este capítulo.

Algunas curiosidades sobre los movimientos oculares

Los movimientos oculares, junto con otras formas de estimulación bilateral del cerebro, añaden mayor efectividad a la intervención con EMDR. Mediante esta técnica se potencia el efecto de los elementos ya presentes en otras orientaciones (como identificar creencias negativas, observar nuestras emociones y pensamientos con distancia, conectar lo que ocurre en el presente con la historia de la persona, o comprender el modo en que nos vinculamos). Pero lo que mejor funciona realmente es la combinación de todos estos ingredientes con un terapeuta bien formado, que sepa aplicar este tratamiento del modo más eficiente y productivo para la persona.

Lo cierto es que los estudios sobre los movimientos oculares y su relación con cómo nuestro cerebro procesa la información vienen de muy atrás. Cuando analizamos lo que nos rodea, observamos una imagen o leemos, nuestros ojos se mueven de un punto a otro, como dando saltos, y se paran en determinados elementos que llaman nuestra atención. Todo esto ocurre sin que nos demos cuenta. Estos movimientos, llamados *sacádicos*, son esenciales para procesar la información visual y el terapeuta EMDR los utiliza para guiar al paciente. Se han estudiado diferentes velocidades y tipos de movimientos, comparando su efectividad. De modo que se trata de mover los ojos, pero no de cualquier manera. Aparte del tipo de movimiento, también parece influir la velocidad y la duración (el efecto aumenta a medida que los movimientos se hacen más rápidos y durante más tiempo).

Algunos autores han comparado el EMDR con otro tratamiento que sabemos que funciona con los recuerdos traumáticos: la **terapia de exposición**. En el EMDR se habla de un recuerdo y se conecta con la emoción que produce, y se ha cuestionado que es este periodo de exposición al recuerdo (y no los movimientos oculares en sí) el mecanismo que hace que este procedimiento funcione. Sin embargo, esto no coincide con lo que muestran las investigaciones. Si bien en la terapia de exposición la persona ha de estar largo tiempo en contacto con el recuerdo, y con las sensaciones que lo acompañan, en una sesión de EMDR solo ha de conectar con él unos cinco minutos al principio, dedicando el resto de la sesión a pasar de una cosa a otra, o a observar cómo cambian sus sensaciones, sin alargar el contacto con la memoria de la que se partía.

Los efectos del EMDR, por tanto, no pueden atribuirse a esos pocos minutos de contacto con el recuerdo. De lo contrario, no sería necesario que la terapia de exposición durase (como así ocurre) más de cinco minutos, ni habría motivo para que la persona tuviese que enfrentarse repetidamente al recuerdo (algo necesario en los tratamientos basados en la exposición). Además, lo que ocurre en la terapia de exposición es que, a base de sentir una y otra vez las sensaciones negativas (en lugar de evitarlas), nuestro cerebro se habitúa y estas pierden fuerza. Lo que vemos en las sesiones de EMDR es algo muy distinto. Se produce una **transformación en el recuerdo**, que puede ser de muchos tipos, pero que no se limita simplemente a reducir la intensidad del malestar. Ambos tratamientos son eficaces, pero parecen funcionar por distintas vías. Serían como dos fármacos que mejoran la tensión arterial, pero que lo logran mediante mecanismos de acción completamente diferentes. Veamos todo esto a través de un ejemplo.

Eduardo trabajaba un recuerdo de su infancia. Cuando tenía nueve años y estudiaba tercero de primaria, había salido al encerado para resolver un problema y su profesor de ciencia le gritaba frente a toda la clase. Eduardo se había bloqueado totalmente, y ese recuerdo seguía cargado de emociones negativas veinte años después de aquel día. Esta memoria antigua aún influía en el funcionamiento de Eduardo, que había experimentado una sensación de bloqueo similar en otros momentos posteriores, el último cuando el encargado de la tienda en la que trabajaba le gritó delante de unos clientes.

El **trabajo con la terapia de exposición** se centraría más en el comportamiento de Eduardo. Tendría que enfrentarse una y otra vez a situaciones de la vida real que habitualmente evitaba, como pasar por delante del encargado. Si se trabajara el recuerdo en sí a través de la exposición, la sesión se basaría en que Eduardo, en lugar de evitar pensar en aquello, rememorara la situación durante un tiempo prolongado pese a notar sensaciones desagradables. Poco a poco, al repetir esto varias veces en días sucesivos, el recuerdo perdería fuerza. Probablemente el terapeuta le programaría tareas para casa, en las que se repetiría el mismo procedimiento, para favorecer que el cerebro de Eduardo se habituara a esas sensaciones en el mínimo tiempo posible.

En cambio, durante el **trabajo con EMDR** no fue necesario hablar mucho sobre ese recuerdo. Partimos de la imagen del peor momento, lo que el recuerdo le hacía pensar todavía a Eduardo de sí mismo («soy inadecuado»), la emoción (una mezcla de miedo, rabia y vergüenza) y la sensación en el estómago que lo había acompañado en distintos momentos de su vida. Una vez identificados estos elementos, empezamos con los movimientos oculares. Cuando parábamos, yo le preguntaba: «¿Qué te viene?, ¿qué notas?». Eduardo me contaba brevemente. Primero le llegaron otras situaciones que vivió con este mismo profesor. Luego, momentos muy diversos en los que el nudo en el estómago había estado presente. Fue pasando de una emoción a otra, sin que yo guiase el procedimiento ni analizásemos nada. Su mente simplemente se desbloqueaba, iba haciendo conexiones. Y lo más importante, el recuerdo iba cambiando. Aunque es bastante frecuente que los pacientes nos cuenten que el recuerdo inicial va dejando de ser perturbador, que lo ven más borroso o lejano, esto no es siempre así. En el caso de Eduardo, primero empezó a ver la escena más completa: el foco no estaba solo en el profesor y en él, sino que incluía a toda la clase. Luego, cuando volvíamos al recuerdo —hicimos esto tres veces en la hora que duró la sesión—, se centró en su compañero Jorge, que miraba al profesor con una rabia enorme y le dirigía a él un gesto de «¡este tío que se ha creído!». Finalmente, se vio observando la escena desde una sensación más adulta, pensando en el pésimo profesor que había sido aquel hombre con todos sus compañeros. Aquella vivencia ya no le generaba una creencia negativa sobre sí mismo, ya no contribuía a bajar su autoestima. **El recuerdo seguía ahí, pero se había transformado, estaba almacenado de otra manera.** Después de esta sesión, Eduardo no hizo ninguna tarea adicional, ni respecto al recuerdo ni respecto a las cosas que solía evitar. En los días siguientes, cuando veía al encargado, se sentía diferente, aquel hombre ya no lo hacía sentir pequeñito. En muchos casos, la intervención resulta más compleja y es necesario trabajar más aspectos, pero el proceso de Eduardo ejemplifica uno de los modos en los que los recuerdos se transforman.

También se han planteado otras posibles causas del efecto conseguido con los movimientos oculares. Si una persona con estrés postraumático —un conjunto de síntomas derivados de una experiencia negativa que no se ha podido superar— hace algo que la distraiga mientras piensa en el recuerdo (por ejemplo, contar o jugar al tetris), se producen cambios en la memoria de esa experiencia. Sin embargo, los efectos no son equivalentes a los movimientos oculares, de modo que la terapia EMDR parece ir más allá de los cambios que pueden verse con otras intervenciones, aunque este mecanismo podría tener algo que ver, generando una sobrecarga de los mecanismos de la memoria, como veremos más adelante.

Los sonidos alternantes y el *tapping* parecen tener también efectos positivos, aunque la potencia de los movimientos oculares ha mostrado ser mayor. No está claro si el efecto de estos tres tipos de estimulación bilateral es idéntico o presenta alguna diferencia, aunque, en conjunto, la aplicación de cualquiera de estos sistemas parece eficaz en diversas patologías.

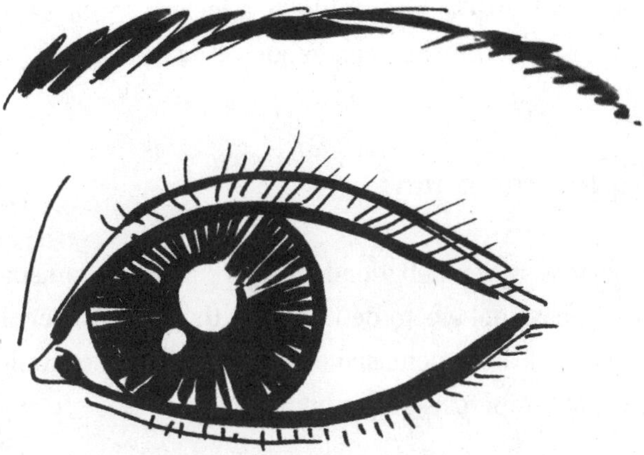

Uno de los efectos más comprobados de los movimientos oculares es que producen un **efecto de relajación**, pues activan el sistema nervioso parasimpático. Gracias a ello, las imágenes pierden su intensidad emocional. En contrapartida, aumentan las asociaciones mentales y mejora la capacidad para recordar los verdaderos detalles de un suceso. Frente a la posibilidad de recordar detalles falsos, se ha comprobado que, mediante el EMDR, se potencia el acceso a detalles auténticos. En otras palabras, **recordamos más y mejor**.

Esto no significa que todo lo que pueda venir en una sesión sea un recuerdo literal, ya que, en ocasiones, con el paso del tiempo nuestros recuerdos se mezclan, o bien podemos traer a nuestra mente imágenes simbólicas (por ejemplo, nos vemos llevando a cabo lo que nos hubiera gustado hacer en la situación original). Sin embargo, sí hay una mayor tendencia a acceder a detalles genuinos de los recuerdos. A menudo, las personas que acuden a consulta recuerdan cosas en las que hacía tiempo que no pensaban o en las que no se habían fijado, e incluso se sorprenden de que puedan tener conexión con lo que les ocurre ahora.

¿Por qué funcionan?

Los científicos siguen debatiendo cuáles son los mecanismos que están en la base del efecto de la **estimulación bilateral**. Para evitar una explicación demasiado extensa y técnica, resumiré aquí las principales hipótesis que se barajan:

- Al mover los ojos se sobrecarga la memoria de trabajo (como la RAM del ordenador) y, al hacer esto mientras se piensa en el recuerdo, se modificaría el modo en el que está almacenado.
- Cuando algo nos sobresalta, rastreamos el entorno con la mirada para localizar el peligro y, al ver que no pasa nada, nos relajamos. Durante una experiencia traumática, esta respuesta de orientación se bloquea. Los movimientos oculares la reiniciarían.
- Los movimientos oculares activarían procesos relacionados con el sueño. Se ha comprobado que el movimiento ocular activa un tipo de ondas cerebrales similares a las del sueño pro-

fundo, y se sabe que las fases del sueño tienen que ver con el procesamiento de los recuerdos emocionales.

- En diversos estudios de neuroimagen se ha visto que, a diferencia de otras psicoterapias, el tratamiento con EMDR activa una zona del cerebro (la corteza asociativa multimodal) que integra diferentes tipos de sensaciones.

¿No será sugestión?

En cualquier tratamiento hay un componente de sugestión, un «truco» con el que nuestra mente se convence de que ese elemento la beneficia aunque no produzca realmente ningún cambio. Es lo que se conoce como *efecto placebo*. Cuando se estudian fármacos, por ejemplo, suele compararse la sustancia en cuestión con otra de aspecto idéntico que no tiene efecto. Un grupo de sujetos toma el fármaco activo, mientras que otro grupo recibe el placebo. Solo se considera que un medicamento funciona cuando sus resultados son significativamente mayores que los del placebo. Lo curioso es que los placebos tienen un efecto bastante considerable, que oscila entre un 30 y un 70 % de los casos. Si alguien cree que está tomando algo que le ayuda, realmente se siente mejor. Esto explica por qué muchas personas recurren a técnicas dudosas y se convencen de que les fueron útiles: de algún modo, se curaron ellas mismas.

En el caso de la psicoterapia, discriminar este efecto placebo es difícil. En los resultados beneficiosos de estos tratamientos influye mucho el modo en el que el terapeuta transmite sus beneficios y cómo conecta con la persona, pero también las creencias previas de esta sobre la terapia. ¿Quiere esto decir que la psicoterapia es únicamente sugestión? Para responder a esta pregunta, hemos de plantearnos antes otra cuestión. Si lo pensamos, un placebo es un tratamiento bastante eficaz, de modo que entender por qué funciona la sugestión es importante. En el siglo XIX Hippolyte Bernheim, un neurólogo francés que propuso el tratamiento con hipnosis para algunas dolencias de la época, planteaba que el mecanismo subyacente a este tratamiento era la sugestión, y se dedicó a analizar su potencial terapéutico, un tema que sigue despertando interés hoy en día. Un terapeuta trata de producir un efecto en el paciente a través de la palabra, de la relación, de animarle a tomar otra perspectiva sobre el asunto, y en muchos de estos aspectos pueden verse paralelismos con el funcionamiento de la sugestión.

Investigar el efecto placebo con un fármaco es fácil, pero diseñar este tipo de estudios con una psicoterapia es más complejo. Es importante discriminar si estos componentes sugestivos son los únicos que realmente entran en juego. Se hace necesario ver si esa terapia aporta algo diferencial, algo específico, algo que va más allá. ¿Cómo se ha hecho esto en el EMDR?

CIENCIA Y PSICOTERAPIA

El psicoanálisis y la terapia cognitivo-conductual, hasta hace bien poco las dos corrientes predominantes en la psicoterapia, han protagonizado un permanente debate sobre muchos aspectos, entre ellos su relación con el pensamiento científico. El psicoanálisis surgió en el campo de la medicina, aunque su exploración de la mente humana y el significado de los síntomas lo aproximó a menudo más al terreno de la filosofía que al de la investigación propiamente dicha. Por el contrario, el conductismo, que nació más tarde a partir de la investigación en animales, se considera el origen de la psicología moderna. Ambas orientaciones han tenido una visión muy diferente de la vinculación entre ciencia y psicoterapia. Este debate sigue sobre la mesa.

En psicoterapia se dan los dos extremos: en un lado están las personas que defienden que solo podemos utilizar una terapia cuando hay múltiples estudios que la avalan; en el otro, quienes trabajan con intervenciones que nunca han sido sometidas a prueba y se fían más de lo que observan que de lo que dicen unos estudios científicos alejados de las situaciones que ven en sus consultas. Estas no dejan de ser las versiones más extremas del problema, mientras que para mí es más importante entender el conjunto.

Realmente la ciencia no se limita a los estudios de investigación, sino que es un modo de ver la vida con el cual me identifico mucho. El pensamiento científico implica que no nos creemos nuestras opiniones simplemente porque se nos crucen por la cabeza, sino que tratamos de buscar datos que las apoyen o las cuestionen. Además, hemos de mirar estos datos sin hacer trampa —es decir, sin recurrir a un ejemplo aislado, precisamente el más favorable a lo que pensamos, para defender nuestras ideas—, observando muchos ejemplos distintos, contemplando por igual tanto los que apoyan nuestras hipótesis como los que van en contra.

Me considero científica porque me encanta que se cuestione lo que pienso, que me rompan los esquemas. Cuando algo me descoloca todo aquello en lo que creía, me resulta estimulante, porque de ahí siempre nace algo más interesante, creativo y revelador. Eso fue lo que me pasó cuando empecé a trabajar con EMDR y tuve que cuestionar mi forma de entender la terapia, mis ideas sobre por qué funcionaba y por qué no. Gracias a esa sorpresa y a lo que me hizo plantearme, escribo ahora este libro.

Otra de las ventajas de tener, dentro del protocolo de tratamiento, un elemento tan singular y atípico como el movimiento de los ojos es que la terapia EMDR ha tenido que ganarse a pulso el reconocimiento de la comunidad científica, y eso ha promovido una enorme cantidad de estudios de investigación y muchísimas hipótesis sobre su mecanismo de acción. Aun así, sigue habiendo controversia, pero curiosamente, aunque muchos de sus detractores dicen hablar en nombre de la ciencia, lo hacen con argumentos totalmente anticientíficos. La ciencia no acepta que una hipótesis sea cierta o no porque alguien la defienda con más o menos pasión, porque sea más o menos atractiva, o porque suene más o menos rara. Independientemente de todo esto, hay que hacer estudios lo más fiables posible y necesitamos varios en la misma dirección para poder empezar a afirmar algo.

Es cierto que esta terapia es muy reciente, pero, al buscar en las bases de datos, he comprobado que en los meses durante los que he estado escribiendo este libro han aparecido casi medio millar de artículos científicos buscando las palabras «EMDR» y «estudios aleatorizados». Estos últimos son investigaciones en las que se comparan grupos con distintos tratamientos, lo que disminuye el efecto placebo. Por supuesto, no todos estos estudios son de alta calidad, pero hay muchos bien diseñados. Si buscamos «movimientos oculares» más «EMDR», aparecen más de cuatro mil artículos. Esta cifra se multiplica año tras año, lo cual demuestra **el interés creciente que el EMDR genera en la comunidad científica.**

La mayoría de esos estudios son favorables al tratamiento de EMDR, aunque, como siempre ocurre con cualquier tratamiento, hay también algunos con resultados contradictorios y otros que plantean críticas. La evidencia científica siempre ha de ampliarse, por lo que cualquier buen artículo de investigación termina con la frase «son necesarios más estudios», sea cual sea el tema de análisis. Lo mismo ocurre con el EMDR, y esto es enormemente enriquecedor. Debemos cuestionarnos lo que hacemos, por qué lo hacemos y por qué funciona. El conocimiento científico acumulado deja claro que **el EMDR tiene un efecto positivo**, lo que ha llevado a la Organización Mundial de la Salud (OMS) a recomendarlo, ya desde 2013, como uno de los tratamientos de elección para los **trastornos derivados del trauma**. También figura en la mayoría de las guías clínicas internacionales, realizadas por los principales grupos de expertos, entre los tratamientos de primera elección para el **trastorno de estrés postraumático**. Además, empieza a haber estudios controlados de su aplicación en muchos otros problemas como la **depresión**, la **esquizofrenia**, el **dolor crónico**, las **adicciones** y la **ansiedad**. Por todo ello, a lo largo de este libro, veremos qué tipo de problemas pueden tratarse con este método y cómo evolucionan gracias a él.

PARA SABER MÁS

La evidencia científica respecto al EMDR es bastante considerable y crece día a día. Esto hace que, a medida que se publican más estudios, su campo de aplicación se defina cada vez con mayor claridad. Puedes consultar una revisión reciente en mi web (visita <anabelgonzalez.es> y busca los documentos *Dossier Evidencia EMDR Web* e *Investigaciones recientes en EMDR* en el apartado Recursos para Terapeutas/Otros).

¿QUÉ ES Y QUÉ NO ES?

A raíz del descubrimiento del EMDR han surgido numerosas «terapias» que incluyen algún tipo de movimiento ocular, pero que nada tienen que ver con las investigaciones científicas de las que hablaba en el capítulo anterior. Me resulta especialmente preocupante que personas que no son profesionales o carecen de formación específica empleen movimientos oculares de modos que no han sido estudiados. Es cierto que algunos tratamientos pueden tener efectos positivos sin que ninguna investigación haya llegado a probarlo, pero no podemos estar seguros. Solo tenemos la palabra del que vende el producto y, por muy convincente que pueda parecer, eso no ha de bastarnos. Los únicos procedimientos de EMDR recomendables son los que están avalados por organizaciones internacionales reconocidas (en los países de habla hispana, únicamente la Asociación EMDR España —perteneciente a EMDR Europe— y EMDR Iberoamérica). Fuera de los **profesionales con formación acreditada**, no hay ninguna garantía de que la intervención se encuentre entre las que las guías clínicas recomiendan.

La estimulación bilateral

Los movimientos oculares que se emplean en el EMDR favorecen la relajación, pero también tienen muchos otros efectos: promueven las asociaciones con nuestras redes de memoria, nos hacen conectar más con los recuerdos y las emociones que los acompañan. Además, en función de la cantidad y velocidad de los movimientos, los resultados pueden ser muy diferentes. Su aplicación en casos de traumas muy concretos y en historias traumáticas graves que se remontan a la infancia tiene numerosos matices y particularidades que deben tenerse en cuenta. Utilizar el movimiento ocular, sonidos bilaterales o *tapping* porque hemos visto un vídeo en YouTube, o aceptar que los apliquen personas con un conocimiento superficial de este método, puede ser contraproducente. Aunque parezca una técnica aparentemente simple, tiene un efecto potente que ha de graduarse y encauzarse por profesionales con una sólida formación en terapia de trauma.

Aunque nos hemos centrado en los movimientos oculares, la terapia EMDR es una intervención más compleja y llena de pequeños matices que conviene conocer. Una parte muy importante es ayudar a la persona a entender de dónde vienen los problemas que la llevan a consulta, con qué experiencias se conectan y dónde aprendió los patrones con los que funciona. El trabajo en la terapia será desbloquear los recuerdos, pero también modificar esos patrones.

Los patrones más importantes

- **Nos cuidamos en buena medida como fuimos cuidados.** El autocuidado no se centra simplemente en cómo comemos o dormimos, sino que incluye si tenemos o no conductas autodestructivas, si pedimos ayuda y nos dejamos ayudar, si buscamos cosas agradables o si exigimos a los demás que nos cuiden. Estos patrones de autocuidado tienen sus raíces en nuestra propia historia. Como hemos visto, haber vivido con una persona muy crítica puede hacer que, en nuestro interior, nos critiquemos duramente. En ocasiones, el modo en el que nos hablamos por dentro se genera a partir de modelos tomados de personas con las que hemos convivido, o se desarrolla en etapas en las que la dureza de la situación nos obliga a presionarnos o forzarnos.

- **Nos vinculamos con los demás como se vincularon a nosotros.** Podemos ser emocionalmente dependientes (creernos incapaces de regularnos solos), autosuficientes en exceso (no pedimos ayuda aunque estemos al límite) o pasar de un extremo al otro. El modo de vincularnos tiene que ver con nuestros estilos de apego, con el modo en que las personas con las que crecimos nos dieron protección, seguridad y cuidado.
- **Regulamos nuestras emociones como vimos hacerlo.** Esta es otra área muy importante. Nuestra tendencia a suprimir nuestras emociones, controlarlas, evitarlas o dejar que se desboquen es, a menudo, una herencia emocional que arrastramos desde muy atrás y que juega en nuestra contra.

Una terapia EMDR no es una técnica puntual para trabajar con un recuerdo. Aunque una persona sufra un estrés postraumático después de una circunstancia puntual, es importante que entendamos por qué esa situación bloqueó el sistema nervioso del paciente de ese modo. En otras palabras, es fundamental una **comprensión global.**

Soltando los hilos de nuestros recuerdos

Ricardo sufrió un accidente de tráfico bastante aparatoso. Conducía solo y un vehículo se salió en una curva chocando contra él. Su coche dio varias vueltas y la carrocería quedó tan destrozada que tardaron en sacarlo de su interior. Inicialmente Ricardo perdió la consciencia por el impacto, pero pronto volvió en sí. Mientras todavía estaba atrapado dentro del coche, el tiempo se le hizo eterno. Cuando llegaron los bomberos, pudieron abrir la puerta bloqueada y lo llevaron en ambulancia al hospital. La sensación de estar atrapado, confuso y angustiado dentro del coche todavía permanecía en su memoria meses después. Sin embargo, el peor momento para Ricardo no era ese, sino cuando llegó al hospital. Las urgencias estaban saturadas, había gente por los pasillos, gritando, y los profesionales estaban nerviosos. Durante lo que le parecieron horas, estuvo viendo a gente correr de un lado a otro sin que nadie se parase a mirarlo y le preguntase cómo se sentía. En la imagen que más grabada se le había quedado de ese momento, estaba en una camilla, sin nadie ocupándose de él, mientras oía al fondo una discusión entre dos médicos. Ahí tuvo una sensación extraña, como de irrealidad; todo parecía ir a cámara lenta.

En el caso de Ricardo, alguien que simplemente entendiera el EMDR como una técnica para trabajar recuerdos traumáticos se dedicaría a hacer movimientos oculares con la memoria del accidente. Y el resultado podría oscilar de parcialmente eficaz a totalmente contraproducente. En las últimas secuencias de lo que Ricardo recordaba sobre aquel día, había una sensación de *desrealización*, una señal de alarma que indicaba que su sistema nervioso se había visto completamente sobrepasado. Aunque este tipo de síntomas son muy frecuentes en situaciones graves, como este accidente, y no son un problema para el trabajo con los recuerdos, no era la primera vez que Ricardo los había tenido.

Su historia anterior era complicada. En su infancia, había presenciado muchos conflictos entre sus padres. En ocasiones, en el transcurso de aquellas discusiones terribles, incluso vio cómo su padre agredía físicamente a su madre. Muerto de miedo, el pequeño Ricardo sentía mucha impotencia por no poder pararlos. Cuando se peleaban, sus padres parecían no ser conscientes de que el niño estaba allí ni de cómo lo estaba pasando. En realidad, nunca se dieron cuenta de cómo se sentía, ni ante estas situaciones ni con ninguna otra cosa. En el colegio tuvo problemas con otros niños, que se metían con él, durante varios cursos. Nunca lo contó porque creía que no le importaría a nadie, que no lo sacarían de esa situación. Además, los compañeros que lo acosaban lo amenazaron si hablaba, y varias veces lo encerraron en un armario durante horas. Aunque se ganó un castigo por faltar al comedor debido a ello, prefirió callar.

Años después, durante el accidente muchas sensaciones resonaron en la mente de Ricardo con esta historia antigua, que él había resuelto diciéndose mentalmente que había que «pasar página». El miedo intenso, debido al choque y a verse encerrado en el coche después, era una sensación que había conocido desde demasiado pronto. Sumado a esto, la sensación de estar atrapado se conectaba con los encierros del colegio y con la permanente sensación del niño y adolescente que quería escapar de la hostilidad que lo rodeaba, sin poder hacer nada para librarse de aquello. Pero el peor momento para Ricardo en aquel accidente enlazaba con la experiencia más dura que una persona puede tener en los archivos de memoria de su infancia: no haber sido visto, sentirse terriblemente mal sin que nadie se dé cuenta, sin que a nadie le importe. Cuando se vio solo, después de haberse sentido asustado, confuso y atrapado (ahí ya sus conexiones con su historia estaban muy activadas), sin una mirada de comprensión de los profesionales de urgencias y con aquella discusión al fondo, Ricardo dejó de reaccionar ante lo que estaba viviendo. Dejando de vivir en el aquí y ahora, pasó a funcionar en parte desde las memorias que había tratado de dejar atrás: se sentía como allí y entonces. Su cerebro, incapaz de procesar toda esta información, perdió por un momento las referencias que lo anclaban a la realidad, al presente.

Gracias al EMDR, Ricardo pudo trabajar con todo esto, entender lo que le había pasado y procesar no solo el recuerdo del accidente, sino también las situaciones con sus padres y en el colegio. Llevó tiempo, pero valió la pena. A medida que hacía este trabajo, se dio cuenta de cómo muchas cosas de su vida presente seguían lastradas por todo aquello, por la pesada mochila que arrastraba. Al procesar los viejos recuerdos, se fueron soltando los nudos que lo ataban. Entendió que **el pasado influye más cuanto menos conscientes somos de que está ahí y de su importancia**. Se encontró más cómodo en su relación de pareja, en la que en muchos momentos se había sentido también atrapado, y más libre para hablar de las cosas que lo incomodaban. Dejó de intentar a toda costa evitar los conflictos, pues estos ya no se conectaban con los de sus padres, y consiguió sentirse más seguro con aquellas personas con las que no estaba de acuerdo. Aprendió a **verse a sí mismo** y a **tener en cuenta sus propias necesidades**, en lugar de ignorarlas como habían hecho las personas que marcaron su infancia.

En buenas manos

Si después de recuperarse del accidente, Ricardo hubiese tratado de dejar esa dura experiencia atrás, como había hecho toda la vida, la historia habría sido distinta. Por ejemplo, durante la etapa de confinamiento por el coronavirus, su sensación de estar atrapado se podría haber activado. Y mientras buscaba por internet ejercicios de meditación para bajar su ansiedad, quizás hubiese dado con una de estas personas que incluyen en ellos el «abrazo de la mariposa». En realidad, se trata de un *tapping* bilateral que se hace poniendo los brazos cruzados sobre el pecho.

Utilizar las palabras «abrazo de la mariposa» es una forma de explicarlo a los niños, pero la estimulación bilateral no es un simple modo de potenciar la relajación. Al hacer este aparentemente inofensivo ejercicio encontrado en internet, dejándose guiar por alguien que ignoraba su historia y no tenía un conocimiento en profundidad de lo que hacía, Ricardo podría haber empezado a sentirse mal (en ese momento o un tiempo después). Al conectar con aquello de lo que no era muy consciente, como le ocurrió durante el accidente, sus sensaciones de allí y entonces se estarían activando, haciéndole sentir más encerrado o más asustado, o vería lo que le rodeaba como algo extremadamente irreal y surrealista, como una película. Puede que no relacionase nada de esto con el «sencillo» ejercicio de meditación que había hecho y que lo atribuyera sencillamente a la situación, pero, en realidad, estaría sufriendo un «efecto secundario» de ese remedio.

Un terapeuta EMDR bien formado valora todos los elementos cuando planifica el trabajo, **logrando así que la persona conecte de manera segura con todos sus recuerdos bloqueados** y, a la vez, consiga gestionar sus sensaciones en el día a día. Si Ricardo no se sintiese preparado para profundizar en su infancia, pues su necesidad es simplemente sentirse un poco mejor con el confinamiento, o hacer un trabajo centrado en el recuerdo del accidente, el terapeuta puede buscar procedimientos para orientar la terapia de este modo. Cuando todo esto se tiene en cuenta, el trabajo terapéutico se estructura para que la persona que participa en él se sienta segura y acompañada.

En resumen, conviene emplear estos procedimientos terapéuticos con **responsabilidad** y **sensatez**. Los psicólogos o psiquiatras no estamos obligados a trabajar con EMDR, pero, si lo hacemos, formémonos y hagámoslo en condiciones. Y para las personas que buscan ayuda, recordemos que podemos elegir la terapia que mejor nos encaje, pero si decidimos trabajar con EMDR, es importante buscar siempre profesionales bien formados. Hacerlo es una **garantía** no solo de que conseguiremos cambios, sino de que estos serán realmente productivos y, lo que es más importante, beneficiosos.

CUIDEMOS NUESTRO BIEN MÁS VALIOSO

Un punto de aprendizaje fundamental en los años que llevo trabajando con EMDR es la importancia del autocuidado, de **velar por nuestro bien más valioso: nosotros mismos.** Animada por mis resultados iniciales, empecé a utilizar el EMDR con mayor frecuencia y me fui encontrando con las primeras dificultades. En muchas personas, el efecto era asombroso y se veían cambios muy favorables tanto durante la sesión como después de ella. Sin embargo, pese al potencial de este abordaje, algunos pacientes tampoco avanzaban con él. Cuando trabajábamos en los recuerdos, era como si la persona se dedicara más bien a escarbar en la herida y con ello se generase más malestar. Otras conseguían procesar algunas experiencias difíciles, pero luego se quedaban revueltas y sin experimentar cambios positivos durante un tiempo. ¿Por qué ocurría esto?

Una de las respuestas llegó cuando empecé a introducir el autocuidado al trabajar con los recuerdos. Si intentamos desbloquear una experiencia difícil y dolorosa mientras nos estamos machacando internamente por haber dejado que pasara, nos dolerá aún más. Es como intentar limpiar una herida a la que le estamos echando sal a puñados. Por eso, si la persona ha aprendido antes **a tratarse mejor, a entenderse y a cuidarse**, y a hacerlo aún más cuando se siente mal, el trabajo con recuerdos se hace más fluido y eficaz. Además, después de entrar en profundidad en una experiencia difícil, la persona se puede tomar un tiempo para recuperarse y descansar, sin darle demasiadas vueltas, dejando simplemente que todo se asiente.

Otras personas no tendían a torturarse por lo que les había pasado o por lo que sentían, pero tenían otro patrón de autocuidado negativo: se autoabandonaban. Esto interfería con la posibilidad de que vinieran a terapia y, cuando lo hacían, tendían a faltar a citas o se presentaban en momentos de emergencia, pero luego no apostaban por sí mismas lo suficiente como para hacer un trabajo regular. Si intentábamos trabajar un recuerdo, se autodesanimaban desde el primer momento diciendo que aquello no iba a funcionar con ellas. Y cuando a duras penas conseguíamos trabajar en algo, se pasaban días dejándose ir, aislándose y abandonándose física y emocionalmente.

> Los patrones de autocuidado no nacen del aire, sino que tienen mucho que ver con nuestros aprendizajes respecto a cuidar y ser cuidados, con la historia de nuestras relaciones y la regulación de nuestras emociones. Es esencial trabajar estos patrones al tiempo que se desbloquean las experiencias en las que se generaron. En algunos casos, este proceso requiere mucho tiempo. Tengámonos paciencia.

Cuanto más avanzaba en el trabajo con estos procedimientos, más complejos eran los casos en los que me atrevía a aplicarlo. Empecé así a usar el EMDR con personas que no habían tenido un par de experiencias negativas, sino una vida terrible y muchísimas situaciones que pueden destrozar a cualquier ser humano. Estas personas estaban, literalmente, rotas. Su mente se había desarrollado en entornos hostiles, en desiertos afectivos, en lugares poco adecuados para que un niño pueda crecer emocionalmente sano. En su esfuerzo por sobrevivir a estas historias, habían encerrado muchas de esas experiencias en compartimentos que trataban por todos los medios de no abrir o de los que habían tirado la llave. Necesitábamos curar todo aquel dolor, pero a la vez la persona no estaba en condiciones de tocarlo, le asustaba demasiado hacerlo o ni siquiera era consciente de su existencia. Aquí el trabajo no consistía simplemente en limpiar heridas. Había que nutrir, restaurar, desarrollar muchas cosas desde la base, **armar una nueva estructura interna**. Posiblemente, el cambio más importante era **restaurar la capacidad de confiar en otro ser humano**, lo suficiente, al menos, como para que estas personas se animaran a embarcarse conmigo en un proyecto de exploración y reconstrucción. El trabajo con EMDR, como con cualquier otra terapia, es más laborioso en los casos difíciles y requiere tener en cuenta muchas más cosas. Aun así, según mi experiencia, el EMDR puede potenciar enormemente el trabajo terapéutico en lo que llamamos *trauma complejo*, siempre que se aplique comprendiendo todos los elementos y matices que entran en juego en estas situaciones.

Un problema adicional es que todas estas cosas pueden no ser obvias. Muchas personas con historias terribles han adoptado un mecanismo de supervivencia que consiste en tirar para adelante, decirse que todo aquello está superado, minimizarlo o incluso «olvidarlo» (aunque solo esté tapado). Esta apariencia de normalidad puede ser tan convincente que pueden presentarse ante el terapeuta como un caso aparentemente simple, como alguien que solo sufre un poco de estrés o está pasando por un mal momento. Estas personas se merecen un terapeuta con formación clínica, bien formado en EMDR, con una base sólida en trauma, apego, regulación emocional, disociación y todas las áreas que hemos de conocer para trabajar con responsabilidad, respeto y cuidado en situaciones como estas. Lo peor que le puede pasar a una persona que ha sufrido daño por parte de sus relaciones más cercanas, que ha sido ignorada emocionalmente o a la que no se ha tenido en cuenta es que, si finalmente consigue acudir a un profesional para pedir ayuda, se encuentre con alguien que repita el daño y haga más profundo el dolor que lleva consigo. O aún peor, con alguien incapaz de ver ese dolor. El trabajo con trauma es delicado y, por ello, tiene que **ser cuidadoso** y **estar bien fundamentado**.

ESCUCHÉMONOS CON ATENCIÓN

En estos tiempos se habla mucho de autocuidado, pero el significado que le damos a esta palabra es muy variable. Para mí, abarca muchas cosas, pero el elemento central es saber si buscamos lo bueno para nosotros, sobre todo, si gestionamos el malestar de un modo productivo.

Aunque el problema esté fuera, nosotros **tenemos un margen de maniobra**. Cuantas más cosas malas nos ocurran y más graves sean, más fácil será que nos sobrepasen. Aunque hay personas que llevan mejor las situaciones adversas (lo llamamos *resiliencia*), también es cierto que todos tenemos un punto de ruptura. Sin embargo, la relación entre la gravedad del hecho y el sufrimiento de cada individuo no es directa. Esto no significa que podamos salir de una depresión o relajarnos simplemente diciéndonos frases positivas, viendo las cosas de otro modo o poniendo de nuestra parte. Si nos vamos a un extremo, nos daremos por vencidos sin intentarlo o después de probar sin convencimiento un par de ideas. Esto suele hacer que el malestar se alargue demasiado. Si nos vamos al otro, nos impondremos salir simplemente porque queremos hacerlo. Esto hará que nos presionemos y nos culpemos si —como es lógico— no lo conseguimos enseguida.

Nuestro modo de cuidarnos

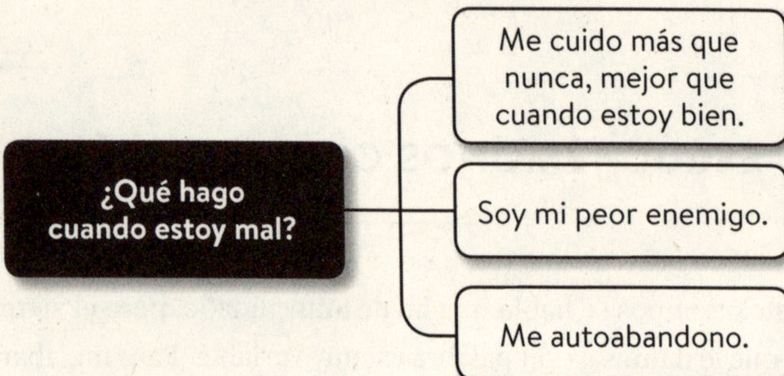

Estas dos últimas reacciones no son únicamente consecuencias inevitables de nuestro malestar, sino parte del modo en que regulamos nuestras emociones. Si cuando estamos mal nos tratamos mejor y nos ayudamos más, mejoraremos antes y disminuirá el malestar. Si cuando nos caemos a un pozo empezamos a cavar hacia abajo, nos damos con la pala en la cabeza o nos quedamos en el fondo del hoyo diciendo que nunca saldremos de allí, la cosa será muy distinta.

Necesitamos un equilibrio entre ser comprensivos con nuestras dificultades y comprometernos en avanzar por el camino que lleva a nuestra recuperación. Tanto frases como «si quieres puedes», como otras del tipo «que me quiten esto» o «no puedo hacer nada», son más un obstáculo que una ayuda.

Trabajé junto a un grupo de colegas en un estudio de investigación (ISAMEC19) para analizar las consecuencias psicológicas de la pandemia por la COVID-19. Estudiamos el nivel de estrés, depresión y ansiedad de la población en distintos momentos de esta situación. Uno de los resultados más destacables fue que el autocuidado es un factor muy importante en el efecto que nos producía la adversidad. La pandemia fue la misma para todos, aunque, incluso en circunstancias personales similares, los niveles de estrés y depresión variaron muchísimo. El haber sufrido la enfermedad o tener un diagnóstico previo de salud mental influía en los síntomas, pero en gran medida lo hacía a través del autocuidado. Esto nos abre también una vía para afrontar las situaciones difíciles de modo que repercutan en nosotros lo menos posible: **aprendiendo a cuidarnos mejor**. En la terapia EMDR, comprender cómo son los patrones de autocuidado es un paso previo al trabajo con recuerdos. Si al tiempo que procesamos las experiencias difíciles la persona aprende a cuidarse mejor, el trabajo será mucho más productivo.

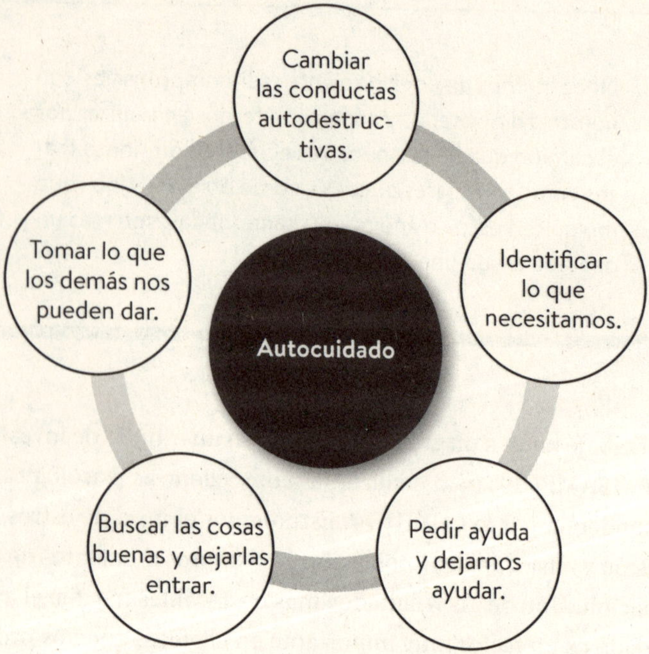

¿Somos nuestro peor enemigo?

¿Qué diríamos de una persona que, cuando estamos mal, nos dice cosas que nos hacen sentir aún peor? Alguien que nos hace daño aprovechando nuestra debilidad, que trata de destruirnos, que nos critica constantemente, cuyos actos nos perjudican..., y que, encima, aún nos reprocha que estemos mal por ello.

En ocasiones, somos los primeros que nos hacemos estas cosas, claramente negativas, a nosotros mismos. Nos volvemos, literalmente, nuestro peor enemigo. Esta conducta autodestructiva, el factor más claro que caracteriza a un autocuidado negativo, es más frecuente de lo que la lógica nos podría hacer creer. Pero, como es sabido, la lógica no es lo que rige la mayoría de los comportamientos de los seres humanos.

Estas conductas pueden tener distintos orígenes. A veces, representan formas de funcionar procedentes de personas significativas de nuestra vida. Cuando pregunto a las personas que acuden a mi consulta dónde aprendieron a tratarse así, algunas me hablan de padres duros, culpabilizadores o directamente maltratantes. Otras se refieren a figuras menos centrales, pero también relevantes, sobre todo cuando estuvieron presentes en la infancia y adolescencia: abuelos, tíos, profesores, entrenadores deportivos o musicales, un novio... Una figura exigente u hostil puede configurar la mente de muchos niños y adolescentes para repetir estos comportamientos, de modo que imitarán esa conducta con los demás. Pero otros muchos harán justo lo contrario: la repetirán internamente contra sí mismos.

En algunos casos no ha habido ninguna figura de este estilo, pero el niño tiene que apañárselas solo en edades en las que no está preparado para hacerlo. A veces los padres están ausentes, al menos emocionalmente, enfermos o demasiado perdidos en sus propios problemas. No hay nadie que se ocupe del niño, de sus necesidades afectivas y de sus preocupaciones, así que este lo hace como puede. En ocasiones tenderá a desorganizarse, no hacer sus tareas y evitar toda actividad. Otras veces, el niño se impondrá dejar de sentir su malestar y se obligará a funcionar, pero, al no tener ningún modelo para hacerlo de modo cuidadoso, lo hará desde la dureza y la autoexigencia.

Es importante darnos cuenta de que estas conductas autodestructivas no son simples consecuencias de nuestro malestar, sino que lo retroalimentan. La buena noticia es que son aprendizajes, lo cual implica que también pueden desaprenderse y que, con el debido empeño y paciencia, podemos **adoptar una nueva manera de cuidarnos**. Es fundamental, sobre todo si queremos reparar una historia traumática compleja, trabajar en cambiar estos patrones a la vez que procesamos los recuerdos que los generaron.

PARA CAMBIAR

Para cambiar esta tendencia, aprendamos a hacernos esta pregunta: lo que nos decimos por dentro, ¿se lo diríamos a la persona que más queremos en el mundo? Si no es así, ¿qué le diríamos? Practiquemos a decirnos a nosotros lo que le sugeriríamos a un buen amigo.

¿Sabemos lo que necesitamos?

A veces ponemos interés en algunos aspectos de la vida, aunque eso no significa que seamos conscientes de nuestras verdaderas necesidades. Nos obsesionamos con cosas mientras, quizá, nos negamos lo esencial: la **seguridad** y la **protección**, la **conexión con los demás**, la **gratificación**... En ocasiones nuestras necesidades son más conscientes, pero ocupan un lugar muy bajo en nuestra lista de prioridades, o directamente no están sobre la mesa. Cuando alguien nos pide cosas que no podemos o no queremos dar y somos incapaces de decirle que no, ponemos lo que necesita el otro por delante de lo nuestro. Nos cuesta defender nuestros derechos y dejamos que invadan nuestro espacio. Si los demás se extralimitan, los disculpamos; siempre encontramos cómo justificar al otro.

Si nos pasan estas cosas, busquemos en el archivo. ¿Se daban cuenta las personas con las que hemos crecido y vivido de lo que necesitábamos? ¿Lo tenían en cuenta? Por el contrario, ¿les importaban más sus necesidades que las nuestras? ¿Estaban demasiado absorbidos por sus cosas como para prestarnos atención? ¿Respetaban nuestros límites? Esto no responde necesariamente a la mala intención de las personas que nos cuidaron. Por ejemplo, si un niño crece con alguien que está muy enfermo, hay muchos problemas en casa o demasiada gente, a veces sus necesidades se perderán entre todo lo demás y, así, el niño aprenderá a ignorarlas y a no priorizarlas. Este análisis del origen de nuestros patrones no es una búsqueda de culpables, sino un intento de **comprender nuestra historia** y de **comprendernos a nosotros mismos**. Lo que nos ocurre no nace del aire, no ocurre «porque sí», es en buena parte fruto del aprendizaje. Verlo así nos abre una oportunidad: podemos modificarlo, podemos aprender a cuidarnos, aunque no nos lo enseñaran de entrada.

Para conectar con nuestras necesidades profundas, hemos de conectar con nuestras emociones, que son las que nos pueden dar esa información. Esto significa dedicar algo de tiempo a mirarnos por dentro y, sobre todo, a escuchar a nuestro cuerpo. Basta con unos minutos cada día, en medio de cualquier actividad, un momento solo para prestarnos atención. Este sencillo ejercicio, hecho a diario, sin analizar nada, sin decidir si nuestras sensaciones son o no las adecuadas, puede darnos más claves para aprender a cuidarnos que un complejo análisis sobre el sentido de la vida.

¿Sabemos pedir ayuda?

Cuando vivimos situaciones difíciles durante mucho tiempo, nos convertimos en supervivientes. No hace falta pasar por una guerra o por traumas graves para que nuestro sistema se configure en este «modo supervivencia», basta con que nuestras necesidades emocionales no puedan ser reconocidas —por nosotros o por los demás— y con que no tengamos acceso a lo que podría cubrirlas. Estas necesidades emocionales tienen que ver con el **afecto**, el **reconocimiento** y la **aceptación incondicional**. Si estos nutrientes psicológicos están a nuestro alcance, nos desarrollaremos de un modo saludable a nivel emocional. Si no es así, buscaremos de todos modos cómo salir adelante. Lo mismo ocurre en la naturaleza. Por ejemplo, las esporas son células vegetales que pueden sobrevivir mucho tiempo en condiciones adversas. Cuando los humanos nos vemos en entornos desérticos u hostiles, podemos volvernos esporas. Reservamos toda nuestra energía para subsistir, dejamos de buscar en los que nos rodean lo que sabemos que no podemos esperar y encerramos nuestras emociones lejos de la vista de los demás e incluso lejos de nuestra propia percepción consciente. De este modo, tratamos de ser lo más autosuficientes que podemos, partiendo de la base de que de fuera no vendrá nunca nada bueno. Nuestra solución es adormecer los sensores que nos dicen que necesitamos cosas (las emociones) y resolver todo como si las otras personas nunca fueran una opción a la que recurrir.

Cuando funcionamos de este modo (en la teoría del apego hablaríamos de *apego distanciante o evitativo* para definir este patrón), nunca pedimos ayuda, nunca decimos lo que necesitamos. Nos guardamos nuestros problemas. Más aún, cuando alguien trata de ayudarnos, no lo dejamos entrar o rechazamos activamente esa ayuda. A veces hacemos esto porque hemos aprendido a no fiarnos, o quizá porque se nos hace tan extraño que nos da miedo. Dejarnos ayudar lo sentimos equivalente a mostrarnos débiles, a ablandar el caparazón que nos protege y, por tanto, a estar en riesgo.

Pero volvernos esporas no es el único «modo supervivencia» al que podemos recurrir. La naturaleza busca la protección de modos muy curiosos. Las rémoras son peces que viven pegados al tiburón. Este las deja estar ahí, sin comérselas, porque las rémoras le quitan impurezas de su piel que él no podría eliminar por sí mismo. A cambio, estos peces habitan un lugar paradójicamente muy seguro en el océano: la proximidad a uno de sus mayores depredadores. Como las rémoras, muchas personas se sienten extrañamente seguras junto a personas con mucho potencial de hacer daño, personas que en ocasiones son hasta menos fiables que el tiburón. Estamos en el complejo patrón de la **dependencia emocional**, en el que —sintiendo que no puede protegerse por sí misma— una persona puede buscar la protección de alguien a quien se aferra, a cualquier precio, aunque sea peligroso. Estos patrones pueden verse en situaciones de maltrato de pareja, circunstancias muy complejas que no tienen una única explicación, pero que funcionan muy lejos de la lógica simple: ¿cómo explicar que una persona vuelva una y otra vez con alguien que le ha hecho daño? Esto no puede deberse únicamente a que la pareja amena-

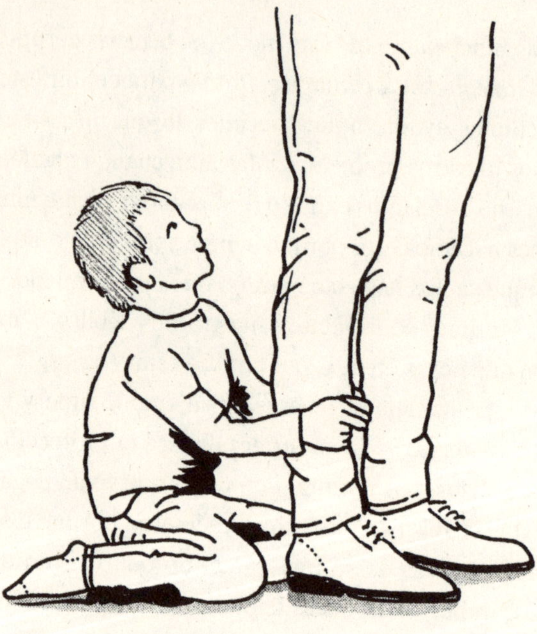

ce a la persona si esta se separa, aunque, por supuesto, esto sea un motivo poderoso. Cuando los patrones de autocuidado funcionan al revés, buscamos ayuda en un lugar donde nunca la encontraremos y del que únicamente recibiremos daño.

Para cambiar este patrón es importante salir de los extremos. No siempre podremos solos con todo, y si lo logramos será a un coste innecesariamente alto. Pero sí nos conviene desarrollar cierta autonomía en todas las áreas o, cuando no haya nadie ahí, nos veremos sin recursos. Cuando busquemos ayuda, hagámoslo con personas que realmente nos la puedan ofrecer (contémosles las cosas a los que sí saben escuchar, por ejemplo).

Luego, si vamos entendiendo cómo funcionamos y dónde lo hemos aprendido, podremos desmontar esto de un modo mucho más potente, trabajando en los recuerdos que están en la base de estos patrones. Pero, de momento, vayamos empezando.

PARA CAMBIAR

La forma de cambiar esto difiere según dónde estemos situados. Si dependemos en exceso de los demás, hemos de aprender a hacer cosas solos. Más que grandes proezas, son importantes los pequeños cambios cotidianos, como ir solos al cine o programar actividades solos, aunque pudiésemos hacerlas con alguien. Si somos marcadamente autosuficientes, hemos de aprender a contar con frecuencia lo que nos afecta, aunque sintamos que no «hace falta». Los que van de un extremo a otro han de practicar el término medio: contar algo menos cuando conocen a alguien hasta ver cómo responde y no borrarlo automáticamente de la lista de amigos en cuanto hace algo que les molesta.

¿Dejamos entrar las cosas buenas?

El autocuidado sano es un **equilibrio entre protegernos de las cosas malas y dejar entrar las cosas buenas**. Curiosamente, muchas personas tienen problemas con las buenas sensaciones. No saben disfrutar, no hacen actividades sanas, positivas o agradables. Solo se sienten «cómodas» haciendo cosas por los demás o cumpliendo con su deber. Con las cosas agradables se sienten extrañas, incómodas o culpables. Esto no siempre es consciente, pero podemos comprobarlo al ver que, sin saber muy bien cómo, en nuestra agenda nunca hay hueco para lo divertido o placentero.

En ocasiones aún es peor: bloqueamos la entrada a las cosas positivas. Nos dicen un cumplido y desconfiamos por sistema del que nos lo dice, pensando que tendrá algún interés oculto o que lo hace por quedar bien. Curiosamente, cuando alguien nos hace una crítica la dejamos entrar sin cuestionarnos su verosimilitud o los motivos del otro, o incluso la acompañamos de unas cuantas críticas más de nuestra propia cosecha. Es como si a lo negativo le abriésemos la puerta, mientras a lo positivo le ponemos todas las trabas del mundo. Es evidente el desequilibrio que se puede generar.

¿Por qué pasa esto? Como siempre, esta situación —que no es tan infrecuente— puede provenir de sitios muy distintos. A veces, en la familia en la que nos criamos no era costumbre tener esos momentos para disfrutar, para hacer cosas simplemente porque son agradables. Puede que se señalase más lo que había que corregir, dando por sentado que cuando los niños hacen las cosas bien no se dice nada porque «es lo que tienen que hacer». Quizás hubo personas enfermas y quienes las rodeaban no se sentían con derecho a disfrutar, o alguien murió y los supervivientes sintieron que ofenderían su memoria viviendo felices mientras la persona fallecida ya no podía... Estas situaciones que dieron lugar a que hoy funcionemos así son recuerdos que conviene procesar, para que dejen de alimentar lo que ocurre en el presente.

La importancia de los pequeños momentos

De nuevo, a la vez que vamos entendiendo su origen, hemos de ayudarnos a cambiar estos patrones e introducir en el día a día pequeños momentos en los que hacemos cosas inútiles, que no sirven de nada a nadie, pero que simplemente son agradables para nosotros. Puede que nos cueste aprender a disfrutarlos, a hacerlos habituales, pero **los momentos agradables han de estar presentes para que nosotros estemos bien.** Prescindir de ellos nos deja sin alimento emocional. Lo mismo ocurre cuando esas cosas buenas vienen de otros. Si alguien nos dice algo bueno sobre nosotros, dejémoslo entrar, dejémonos sentirlo.

¿Cómo esperamos que los demás nos cuiden?

Algunas personas dan por sentado que nadie se va a preocupar por ellas y tratan de apañárselas solas. Como decía antes, esto es un problema, sobre todo en situaciones donde la vida pone a prueba nuestra resistencia, que, como la de todo ser humano, tiene sus límites. Sin embargo, el otro extremo es también problemático. Podemos pensar que los demás han de estar ahí justo cuando los necesitamos y que deben darnos exactamente lo que nosotros queremos. De lo contrario, nos sentimos injustamente tratados y no entendemos lo que pasa. Esperamos que al menos nos devuelvan con cierta gratitud lo que nosotros sí hacemos por ellos. Pero todo esto esconde muchas trampas, de las que es importante salir.

> Hay un efecto curioso que solo puede verse después de un tiempo de cambio. Cuanto mejor nos cuidamos, mejor nos cuidan, más tendemos a quedarnos con gente que nos ayuda y nos aporta, y más protegidos y seguros estamos. Si tenemos que hacer palanca en algún sitio para empezar a mover nuestro malestar y nuestras dificultades, el autocuidado es siempre un buen sitio para aplicar la fuerza inicial. A partir de ahí, todo evoluciona más fácilmente, incluido cómo nos tratan los demás.

Tengamos en cuenta que las personas no están sentadas en su casa, sin hacer nada y sin cosas de las que preocuparse, esperando a que nosotros les hagamos una petición. Además, pueden darle mayor o menor importancia a lo que nosotros hacemos por ellos. Vamos a encontrarnos con todo tipo de reacciones en los demás, que no van a funcionar de acuerdo con lo que nosotros diseñemos para el mundo y para la gente. Dedicar mucha atención a lo que los demás deberían cambiar es una pérdida de tiempo que solo lleva a nuestra insatisfacción. Cuando esperamos que sean los demás los que nos den lo que necesitamos, nos cuiden o nos agradezcan los cuidados, lo que hay en el fondo es una falta de autocuidado: no nos estamos cuidando y no nos damos lo que necesitamos. Puede que prioricemos cuidar a los demás mientras nos descuidamos nosotros.

Aquí está la solución del problema. **Cuando empezamos a cuidarnos y atendernos, lo que los demás hagan deja de ser tan importante.** Si somos más comprensivos con nosotros mismos, la incomprensión de otros no nos hará tanto daño.

PARTE 2

ESCUCHEMOS AL CUERPO

NUESTRO CUERPO NOS HABLA

Muchos problemas emocionales no se manifiestan psicológicamente, sino a través del cuerpo. Por medio de las llamadas *terapias verbales* podemos influir de modo indirecto en los componentes emocional y somático —dolencias o sensaciones físicas derivadas de una base emocional que se expresan de manera clara y visible en alguna parte del organismo—, pero con el EMDR este componente somático se incluye en el propio procedimiento desde el principio. Este hecho potencia la utilidad de esta terapia en problemas físicos y en otros que tienen una base emocional, pero que se manifiestan a nivel corporal.

Adela había sido diagnosticada de fibromialgia, y este problema cada vez la estaba limitando más. Desde hacía años sentía dolor en todo el cuerpo y, aunque los analgésicos lo calmaban por un tiempo, periódicamente se repetía. No asociaba estos dolores a situaciones estresantes, para ella realmente no tenían sentido. Además, le dolía la cabeza con frecuencia; según su médico, se trataba de cefaleas tensionales (se producen debido a una contractura excesiva de los músculos del cráneo y el cuello). También usaba una prótesis para su dentadura porque tenía bruxismo: sus mandíbulas se cerraban con fuerza por la noche y, en ocasiones, también durante el día se descubría apretando los dientes. El resumen de todos estos problemas era que, de la cabeza a los pies, los músculos de Adela se tensaban hasta el punto de generarle dolor, y nunca llegaban a relajarse por completo.

El problema de Adela empezó con el nacimiento de su segundo hijo. Era un niño esperado, como su hija mayor, pero durante este embarazo Adela sufrió preeclampsia. Este problema hizo que le subiera la tensión arterial, algo que podía llegar a ser peligroso, así que tuvo que guardar reposo y dejar su trabajo como profesora. Estar inactiva no iba mucho con su carácter, así que, aunque procuró entretenerse, no lo llevó muy bien. El parto se complicó un poco y su niño tuvo que nacer por cesárea. Además, a diferencia de su primera hija, este fue un bebé nervioso, que lloraba mucho y era difícil de calmar. Ella atribuyó a la falta de sueño el cansancio acumulado que le quedó después del parto. Un año después de nacer el bebé, Adela comenzó a sufrir los primeros dolores musculares y contracturas, que cada vez fueron a peor.

Cuando Adela exploró su historia, fue más consciente de muchos hilos que se conectaban con esta experiencia, pero que inicialmente no había relacionado. En primer lugar, Adela resolvía su malestar con una mezcla de «tirar para adelante», decirse a sí misma «no pasa nada» y centrarse en hacer cosas. Esta forma de gestionar las emociones suele llevar a la acumulación de residuos que, con el tiempo, se desbordan y acaban saliendo por alguna rendija. En muchas de las personas que tienden a suprimir emociones, el malestar que han ocultado a presión se expresará a través del cuerpo.

Pero ¿por qué tenía Adela esta forma de funcionar con sus emociones? Recordando su infancia, describía a sus padres, sobre todo a su madre, como personas muy cariñosas y cercanas. Curiosamente no comentó de entrada un hecho que parece claramente importante: su madre enfermó de cáncer y murió en pocos meses cuando ella apenas había cumplido doce años. Esta circunstancia, muy grave para una niña, tuvo además una influencia más profunda porque su padre, afectado por lo ocurrido, no estuvo emocionalmente presente durante mucho tiempo. Adela empezó a portarse como una adulta en miniatura, más centrada en intentar que su padre (el único cuidador que le quedaba) estuviese bien que en conectar con su propio dolor y buscar ayuda y consuelo para ella cuando lo necesitaba. Así siguió funcionando toda su vida, y puso grandes expectativas en tener su propia familia y en sus hijos, que para ella eran como una segunda oportunidad de experimentar sensaciones que estuvieron ausentes en su infancia.

Sin embargo, tener a nuestros hijos activa en nosotros el sistema de cuidados, esta vez siendo nosotros los cuidadores, y nos lleva de nuevo a escenarios emocionales antiguos, trayendo consigo cosas que ni siquiera sabíamos que habíamos dejado atrás. Para saber qué hacer con un niño a nuestro cargo, nuestra mente buscará inevitablemente en **el archivo de nuestras experiencias de crianza**. De modo que, ya desde el nacimiento de su primera hija, empezaron a moverse subliminalmente en Adela algunas emociones de aquella etapa. Pero el factor que desencadenó el problema fueron los problemas en el embarazo y en el parto. Por un lado, el largo periodo de reposo que tuvo que guardar la llevó a mirar más en su interior, y no pudo usar sus sistemas de decirse «no pasa nada», tirar para adelante y mantenerse ocupada (lo que llevaba haciendo desde niña). El temor a que pasara algo, a morir y a dejar a sus hijos sin madre, tenía también resonancias claras con su propia historia. Además, un detalle que le pasó inadvertido hasta que el terapeuta se lo comentó fue que, en la época en la que comenzaron los síntomas, su hija mayor cumplió doce años. Cuando Adela era pequeña, ese cumpleaños coincidió con la enfermedad y el deterioro físico de su madre. Nunca había podido elaborar esa pérdida, porque su padre estaba demasiado hundido en su propio dolor para abrazar el de su hija. La Adela niña tuvo por ello que aprender a anularlo, meter las lágrimas hacia dentro cuando asomaban, y centrarse en seguir con la vida. Cuando la veía triste, su padre le decía medio ausente: «Venga, no te pongas así». Eso fue lo que Adela acabó interiorizando como modo de gestionar el malestar, hasta que este sistema empezó a desbordarse por la conjunción de acontecimientos que he descrito.

Dada la dificultad de Adela para pararse a ver cómo se sentía, su cuerpo tuvo que venir en su ayuda. Primero, apareció el malestar que sintió en los meses de inactividad del embarazo; luego, el cansancio mientras cuidaba de su segundo hijo, lo difícil que le resultaba llevarlo cuando el niño lloraba (el llanto no era precisamente una emoción que a ella le resultase fácil). Para manejar todo aquello, Adela intensificó la presión sobre sí misma, hasta que todo su cuerpo estuvo en tal tensión que la bloqueó por completo. Ahí, por suerte, se paró por fin a entender lo que le pasaba y logró resolver todas aquellas experiencias. Adela pudo finalmente llorar a su madre, conectar con las emociones de la niña que fue —que había tenido que negar— y tomar conciencia del abandono emocional que la depresión en la que cayó su padre le había generado. Cuando aprendió a **reconectarse** con ella misma y a **cuidar de lo que sentía**, sus músculos se fueron aflojando y el dolor mejoró. A veces, cuando se olvida de parar y notar cómo está, su cuerpo vuelve a darle un aviso, pero ya ha aprendido a escucharlo y a atender las necesidades que hay debajo de sus emociones, de las que es mucho más consciente.

Los problemas psicosomáticos son muy reales

Como en el caso de Adela, muchas personas sufren problemas físicos que están influidos en mayor o menor medida por factores emocionales. Preguntarse si los problemas son físicos o mentales, de hecho, no tiene demasiado sentido, porque sabemos que ambos niveles están completamente interrelacionados. Por ejemplo, nuestro estado emocional influye en nuestro sistema inmunitario, y la tendencia a la inflamación del organismo puede contribuir a generar un estado depresivo. Las emociones suprimidas o mal reguladas desencadenan o empeoran numerosas patologías físicas. El dolor físico repercute en nuestro estado de ánimo y, a la vez, el modo en que gestionamos el dolor influye en su evolución. Más que tratar de deslindar lo que es físico y lo que es emocional, cuando trabajamos un problema físico con psicoterapia nos centramos en disminuir en lo posible el segundo componente. Se ha demostrado que, cuando la parte emocional mejora, muchas veces el problema físico lo hace también.

Sin embargo, las posibilidades de tratamiento de los problemas físicos con el EMDR no se limitan a la repercusión psicológica que para la persona tiene el problema, ni a trabajar con los problemas emocionales que contribuyeron a que ese problema físico apareciese o se desarrollase. Un ejemplo que permite ver la complejidad de los procesos de memoria en el cerebro es el tratamiento del llamado *síndrome del miembro fantasma*. Cuando las personas sufren la amputación de un miembro, en torno a un 80 % de ellas sienten algún tipo de dolor o sensación molesta en él pese a no tenerlo ya. En algunos casos, esto puede prolongarse durante años. De algún modo, el cerebro se confunde y los nervios de la zona amputada envían señales erróneas, o a nivel cerebral se conservan de modo anómalo estas señales.

Algunos tratamientos de este problema son ciertamente curiosos. Imaginemos a alguien a quien le han amputado el brazo derecho y que siente dolor en los dedos de esa extremidad. Para tratarlo, la persona se coloca ante una caja abierta sin tapa en la parte superior, con dos agujeros en la parte frontal y un espejo en el centro, e introduce el brazo izquierdo por el orificio de la caja. Mediante la imagen del espejo, verá el reflejo del brazo izquierdo como si fuese su brazo derecho perdido. De ese modo el cerebro se «reencuentra» con la imagen del brazo amputado. Entonces, el individuo empieza a hacer ejercicios con ambos miembros. Este método permite que la persona recupere la sensación del miembro perdido, lo que, según algunos estudios, consigue que el dolor del miembro fantasma disminuya.

Pues bien, varias investigaciones muestran buenos resultados al tratarlo con la terapia EMDR. Son estudios con pocos casos, pero el resultado es interesante y lleva a la reflexión. Es posible que esas sensaciones dolorosas provengan de una representación del miembro amputado en el cerebro, ya que nuestra memoria y nuestra percepción son las que nos informan sobre el mundo y sobre nosotros mismos. Podríamos decir que, en el trabajo con EMDR, se accede a una representación mental —a la memoria del miembro que duele— que no ha ido desapareciendo y evolucionando, sino que ha sido abruptamente interrumpida con la amputación. Lo que haría la estimulación bilateral sería **desbloquear esa memoria somática**, permitiendo que esta pueda procesarse e integrarse con la **nueva realidad** del individuo.

Existen además otros estudios del trabajo con el EMDR aplicado a dolor crónico de distinto tipo. Las causas del dolor son muchas y muy diversas, y probablemente necesitaremos estudios específicos por patologías que nos ayuden a ver en qué tipos de dolor puede ser más eficaz, pero se han visto resultados positivos con esta terapia en la repercusión del dolor sobre la calidad de vida. Generalmente al dolor en sí se suma la angustia por sentirlo y el miedo a que se repita, así como la tristeza y la rabia —y en ocasiones la vergüenza— por la limitación que ese dolor supone. Además, cuando la persona que sufre dolor se focaliza en él, a veces por su dificultad para aceptar su presencia, la propia percepción del dolor también aumenta, como si pusiésemos una lupa sobre él. Todo esto puede mejorar claramente con el EMDR.

Lo mismo puede ocurrir con otros problemas. Por ejemplo, los tics o el temblor suelen tener una base neurológica, es decir, hay una alteración a nivel del sistema nervioso, pero la ansiedad los incrementa. Suele generarse un círculo vicioso en el que cuantos más tics o temblores tiene la persona, más ansiosa se pone y, en consecuencia, más empeoran los síntomas. Trabajar con EMDR sobre la parte emocional quizá no erradique el problema por completo, pero, sin duda, su frecuencia, su gravedad y su repercusión en la vida de la persona se reducirán considerablemente.

El papel del EMDR podría ir más allá, pero no tenemos datos para afirmarlo. Puesto que sabemos que el estrés influye en los procesos inflamatorios, al trabajar sobre las fuentes que lo provocan estos podrían mejorar. Es decir, esta terapia quizá puede contribuir a mejorar procesos inmunitarios, inflamatorios, hormonales o de otro tipo que forman parte de los mecanismos que generan la enfermedad física. La tendencia a suprimir emociones se ha asociado a muchos problemas somáticos, y trabajar con esas emociones bloqueadas —y con las experiencias que dieron lugar a todo ello— podría **tener una influencia positiva** sobre esas patologías y **prevenir su aparición**. Es una posibilidad que ha de estudiarse, y de la que probablemente habrá más evidencia científica en los próximos años. De momento, lo que sí sabemos es que tenemos un modo de **aliviar el sufrimiento** y **mejorar la calidad de vida** de personas con muchas patologías, y eso ya es mucho.

LA INTERPRETACIÓN DE LOS SUEÑOS

En las distintas fases del sueño, nuestro cerebro se dedica a ordenar y a hacer limpieza. De hecho, aunque asociamos el sueño con el descanso, en muchos periodos durante la noche nuestro cerebro está tan activo como cuando estamos despiertos. Una gran parte del tiempo, aunque no lo recordemos al día siguiente, soñamos. Durante los sueños se pone en marcha una gran actividad de asociación cerebral, y así pueden mezclarse en un sueño cosas del presente y del pasado, personajes de áreas de nuestra vida muy diversas, historias de novela, emociones mezcladas... Todo se une siguiendo un argumento, a veces conocido, pero otras aparentemente absurdo.

Lo que soñamos no es casual. Es cierto, no sigue las reglas de la lógica, pero nosotros tampoco. Creemos que el ser humano se rige por ellas, pero se ha visto en diversos experimentos que el impulso para hacer algo, o incluso la decisión de hacerlo, son previos al razonamiento que elaboramos después sobre por qué lo hemos hecho. Si vemos los comportamientos humanos y las relaciones, es evidente que la lógica no es lo que explica la mayor parte de estas áreas. Nos movemos por impulsos, inconfesables o a veces incluso desconocidos para nosotros mismos, por emociones, por patrones automáticos... Solo cuando tenemos conciencia de todos estos elementos subyacentes podemos introducir mayor reflexión en ellos, y ahí la lógica tiene un pequeño lugar. Sin embargo, nuestra capacidad para el razonamiento lógico y nuestra conciencia están ausentes cuando dormimos y cuando soñamos.

Estas fases del sueño han sido relacionadas con la terapia EMDR por varios autores y algunos estudios han aportado hallazgos en esta dirección, aunque estamos lejos de establecer conclusiones definitivas al respecto. No voy a entrar demasiado en aspectos técnicos, pero, desde mi experiencia, considero interesante responder estas dos preguntas:

- ¿Se parece lo que ocurre en la terapia EMDR a lo que observamos en los sueños nocturnos?
- ¿Podemos trabajar con el EMDR sobre nuestros sueños?

¿Sirven los sueños para digerir recuerdos?

Cuando hablamos de los movimientos oculares y los mecanismos que subyacen a su efecto sobre los recuerdos, una de las hipótesis que están sobre la mesa es que este tenga que ver con las fases del sueño y el procesamiento de recuerdos que tiene lugar en ellas. De modo que tiene sentido pensar en esta relación desde este otro punto de vista: ¿hay paralelismos entre el efecto observable durante las sesiones de terapia y lo que ocurre en los sueños? En la terapia con EMDR se pone en marcha habitualmente, como he comentado, un **procesamiento acelerado de imágenes, pensamientos, emociones y sensaciones físicas**. Esto significa que en una sola sesión pueden producirse cambios a todos estos niveles, de muy diversos tipos. Una persona puede ver muy nítidamente una escena al principio, para observar cómo esta se desdibuja, se vuelve distante o incluso le cuesta volver a evocarla al final de una única sesión. **La emoción y las sensaciones físicas evolucionan y se atenúan hasta desaparecer.** Pero lo que ocurre entre tanda y tanda de estimulación bilateral no se limita a que el recuerdo y lo que nos hace sentir pierdan intensidad. En algunas sesiones vienen a la mente de la persona imágenes que reflejan escenas derivadas de la primera que han recordado, que son como una evolución del recuerdo.

Sandra es maestra y se preocupa mucho, en exceso, cree, por sus alumnos. Entre las diversas experiencias conectadas, trabajamos sobre un bloqueo que sufrió dieciocho años atrás, siendo ella alumna, en un examen en el instituto. Durante el procesamiento le vino la figura de su abuelo mostrándose orgulloso de lo bien que leía. Obviamente, esto no había sucedido el día en cuestión, pero el hecho de que apareciera tenía un significado simbólico importante. Luego, se vio aprobando aquella asignatura y teniendo buenos resultados en cursos posteriores. Más adelante, se imaginó que la chica que estaba bloqueada era una alumna suya, y se visualizó haciendo todo lo que ella sabía hacer con chicos con dificultades. En la sala de profesores, se imaginó a su tutor del instituto y habló con él de las intervenciones poco afortunadas que había tenido con ella, y de lo poco que había advertido la presión que tenía en su casa por aquella etapa.

La mente nos trae a veces recursos que pueden ayudarnos con esa situación, como el **apoyo de una persona importante** para nosotros. En ocasiones la escena parece seguir otro argumento y, a medida que se hace la estimulación bilateral y el cerebro se desbloquea, se produce otra evolución diferente: lo que la persona, de no haberse bloqueado, hubiese podido hacer, o una imagen también simbólica de reparación del daño. Este tipo de sesiones es lo que hace que me cueste creer que el efecto de la terapia con EMDR sea equivalente al de la terapia de exposición, porque lo que vemos en ellas no es simplemente una habituación al recuerdo y una disminución del malestar, sino un **cambio en el significado de la experiencia y en cómo quedará almacenado desde ese momento el recuerdo** sobre el que estamos trabajando.

En otras ocasiones, la persona va saltando del recuerdo inicial a muchos otros, que se enlazan porque tienen que ver con la misma persona, situaciones similares, la misma emoción o sensación física. A menudo estas conexiones tienen bastante sentido para el paciente, pero en otros casos este se sorprende de lo que le viene a la cabeza y de la relación entre unos elementos y otros. Estas asociaciones entre temas variopintos, de épocas diferentes, que no parecen salir de una búsqueda intencionada por parte de la persona, recuerda un poco las curiosas asociaciones que vemos a veces en los sueños. No llegan al mismo nivel, porque, después de todo, estamos despiertos y perfectamente conscientes; el estado de la persona en una sesión de EMDR no es de trance ni nada que se le parezca. Sin embargo, son asociaciones no solo más rápidas, sino también más fáciles y fluidas, menos conscientes, que las que establecemos cuando pensamos sobre algo sin introducir la estimulación bilateral.

En algunos casos, un fragmento de terapia EMDR puede parecerse bastante a un sueño. Aun estando despierta, la persona tiene asociaciones simbólicas, como imágenes irreales que tienen un significado a pesar de que nunca se produjeron. Por ejemplo, la persona puede ver una bola de color azul que aumenta de tamaño hasta explotar, y entonces aparecer una casa con elementos de una antigua vivienda, ligada a una época en la que ocurrieron determinadas circunstancias que dejaron huella. En las sesiones lo que viene a la mente sigue un poco este modo aparentemente caótico y algo extraño que vemos en los sueños. Todas estas posibilidades llevan a efectos similares y son variantes de lo que ocurre en una sesión. Simplemente, el cerebro procesa de distintos modos.

En resumen, las asociaciones, a veces sorprendentes para la persona, con escenas de distintas etapas y la aparición de elementos simbólicos tienen ciertas similitudes con los fenómenos que vemos en los sueños. Posiblemente ambos procesos tienen que ver con cómo el cerebro metaboliza y reordena los residuos emocionales de lo que vivimos y, de modo casual, nos hemos encontrado con un mecanismo de nuestro sistema nervioso que tiene un potencial terapéutico. Seguramente esta incógnita se despejará a medida que avancen los numerosos estudios sobre neurobiología del sueño, los procesos de memoria y los mecanismos subyacentes al EMDR y a la estimulación bilateral.

Modos de procesar un recuerdo

Las sesiones no siempre transcurren así. A veces vienen a vernos personas que quieren hacer EMDR porque les han contado una de estas experiencias curiosas de la terapia, y tienen la expectativa de que ocurra igualmente con ellas. En realidad, muchas sesiones se componen de asociaciones muy similares a las que podríamos hacer simplemente pensando sobre algo, solo que ocurren más en menos tiempo. Algunas personas simplemente notan que sus emociones cambian y que el nivel de malestar baja poco a poco. Otros hacen un procesamiento mucho más corporal, notando, por ejemplo, que el dolor de estómago se afloja, la sensación molesta sube al pecho, luego a la garganta y, finalmente, empieza a irse. No hay un modo mejor o peor de procesar un recuerdo, y todas estas modalidades, desde la más sorprendente a la más sencilla, son igualmente eficaces. **Cada cerebro sigue su propia ruta**, cuando lo ayudamos a desbloquearse, para conectar la información del recuerdo con otras redes de memoria y «descargar», a través de esas nuevas conexiones, el malestar que estaba allí concentrado.

¿Se pueden trabajar los sueños con EMDR?

Junto al caso de Ramón, que comenté al principio del libro, uno de los resultados iniciales que más me sorprendió y me animó a seguir profundizando en el trabajo con EMDR tuvo que ver con los sueños. **Miriam** tenía diez años y acababa de perder a su madre. Dos años antes había muerto también su padre, que abusaba del alcohol y había muerto a consecuencia de este problema. Este hombre era, pese a todo, cariñoso con su familia, así que Miriam no había presenciado violencia entre sus padres ni malos tratos. Ambos habían sido personas que, en la medida de sus posibilidades, se habían esforzado por sacar a su hija adelante y se preocupaban por ella.

Cuando murió su padre, Miriam había sido atendida por una compañera psicóloga en mi unidad de salud mental. La había traído su madre, que por entonces aún no había enfermado, porque a la niña le costaba estudiar y tenía momentos en que se alteraba mucho. La mujer se daba cuenta de que la pérdida de su padre estaba afectando a su hija, pero no encontraba el modo de llegar a Miriam y que esta le contase cómo se sentía. La psicóloga las ayudó, sobre todo dando pautas a la madre, y la situación comenzó a mejorar.

Cuando la madre enfermó, ambas fueron a vivir con la abuela materna, que era quien la cuidaba ahora. Esta mujer también era cariñosa y se daba cuenta de que la niña sufría, algo comprensible porque, para su corta edad, Miriam había pasado ya por dos situaciones muy graves. Cuando llegó a mi consulta no se mostraba triste ni lloraba ante la pérdida de su madre. No hablaba con su abuela de lo que había pasado, y a mí también me resultaba difícil no solo tocar el tema, sino que ella respondiera con algo más que «bien» o «mal» a mis preguntas. En casa, la abuela relataba que la niña tenía momentos en que se alteraba mucho, se enfadaba e incluso, a veces, tiraba cosas. No parecía haber nada concreto que activara aquellas reacciones y, cuando terminaban, Miriam empezaba a llorar, a decir que era muy mala y que se quería morir. Tras un tiempo llorando, se calmaba, pero ni en ese momento ni después quería hablar de lo que le pasaba. Yo tampoco encontré inicialmente el modo de ayudarla a expresarse.

Lo que sí me contó Miriam es que tenía un sueño que se repetía todas las noches. Soñaba una y otra vez con una caja negra. No entendía qué significaba ni supo explicarme qué sensación le producía. Le pedí que la dibujara en un papel.

El trabajo con EMDR en niños, según su edad, ha de simplificarse. Muchas veces, en lugar de pedirles que piensen en una imagen del recuerdo, se les propone que lo dibujen y el trabajo se hace a partir de esos dibujos. Miriam se quedó mirando la caja negra que había dibujado. Le pregunté cómo se sentía y, aunque no me supo explicar mucho, alcanzó a decirme que no le gustaba. Le pregunté dónde lo notaba, pasando mi mano como ejemplo frente a mi pecho y abdomen, y entonces ella puso la suya en la boca del estómago. Mientras Miriam miraba el dibujo y notaba eso, yo me puse a su lado y le dije si le parecía bien que le hiciera *tapping* en los hombros. Así empezamos a trabajar.

Tras un par de minutos, mientras ella seguía observando el dibujo, cogió el lápiz y comenzó a añadirle cosas al cuadrado. «Ah, tiene piernas», me dijo, y se las pintó. «Ah, tiene brazos... Ah, tiene cabeza...», decía mientras completaba una figura. Me quedé asombrada, pensando a quién representaría la figura, pero preferí preguntar algo más neutro: «¿Te dice algo?». Ella entonces dibujó al lado de la figura unas palabras que salían de su boca: «Hola, Miriam. Soy mamá, te quiero». Le di una nueva hoja en blanco a la niña, y seguí haciendo *tapping* en sus hombros mientras le decía que podía dibujar lo que quisiera. Entonces hizo un cuadrado similar al inicial, pero lleno de color, del que salían rayos como los del sol. Sin que yo preguntara nada esta vez, escribió unas palabras que salían de la figura: «Hola, Miriam, soy un sol. Adiós».

Me pareció asombroso todo lo que había pasado en una sesión de apenas diez minutos. Aquella niña bloqueada, a la que le costaba tanto expresarse, con tanto dolor dentro, había hecho a través del dibujo —con una intervención mínima por mi parte mientras le hacía estimulación bilateral— lo que los terapeutas sabemos que ayuda en las terapias para gestionar las pérdidas (duelos). Pudo representar la figura perdida e imaginar lo que hubiese necesitado que esa persona le dijera. Representó de un modo muy claro una despedida, algo que emocionalmente necesitamos hacer en estas situaciones. Y, por último, colocó a la persona que se había ido en un lugar simbólico diferente, pasando del dolor (la caja negra inicial) a algo cálido que nos acompaña siempre (el sol). No hablamos nada de todo aquello, no me paré con Miriam a interpretar los dibujos. Dudo que el efecto tuviera que ver con lo que yo había hecho, que era bien poco. Me pareció claro que el *tapping* había facilitado que la pequeña pudiese expresar mejor lo que sentía, así como que su mente elaborara aquella experiencia tan difícil que había vivido.

Si únicamente hubiese ocurrido esto, sería curioso, pero quizá no significativo. En las sesiones de terapia pasan cosas asombrosas, pero eso no siempre se traduce en cambios en la vida real de la persona. En este caso, no fue así. Después de solo esta breve sesión, Miriam tuvo un único episodio de alteración y dejó de decir que se quería morir. Además, cuando volvió a consulta tres semanas después, me dijo que había dejado de soñar con la caja, pero que ahora soñaba todos los días con un armario. Repetimos el mismo proceso, de modo que, mientras le hacía *tapping* en los hombros, Miriam completaba el dibujo. «Hay unas patas debajo», me dijo. Le di otra hoja, y en ella dibujó a un perro que había tenido de pequeña. El perro enfermó y tuvieron que sacrificarlo. Otra pérdida. Seguí con el *tapping* y le di otra hoja, diciéndole que podía seguir dibujando. Pintó un coche, en el que iban su padre, su madre y el perro. Se dibujó a sí misma corriendo detrás del coche y escribió las palabras que les decía a sus ocupantes: «Esperadme, esperadme». Finalmente, dibujó a su padre con el perro, al que le decía: «Ven aquí, perrito, yo te voy a cuidar». Al acabar, Miriam se quedó tranquila.

En la siguiente sesión, la abuela de Miriam me contó que los problemas de conducta habían desaparecido. Veía a Miriam más animada, e incluso se había puesto a hacer con ella un postre hacía unos días. En el colegio también la veían hablar más con otros niños. La niña me dijo que los sueños eran más bonitos. Me lo dibujó. Era un cielo, con nubes y un sol que hablaba: «Adiós, Miriam, te quiero mucho, soy un sol». Hicimos un poquito de *tapping* con la sensación y dejamos aquí esta parte de la intervención. Después hubo otras situaciones difíciles en esta familia, pero ya no pude seguirles la pista porque se trasladaron a otra localidad y allí Miriam fue atendida por otros profesionales. Yo siempre me acordaré de esta niña que, siendo tan pequeña y con una historia tan difícil, fue capaz de encontrar por sí misma un modo de aliviar sus heridas emocionales.

Nuestro cerebro nos ayuda soñando

El trabajo con sueños empleando este tipo de procedimientos es fascinante. Un sueño repetitivo es, en mi experiencia, como un nudo donde enlazan muchas cosas que la persona no ha podido asimilar.

Es como si **el cerebro, por la noche, tratara una y otra vez de deshacer estos nudos emocionales, pero están tan enredados que no lo consigue.** Las emociones que generan son difíciles para la persona, de ahí que a menudo se despierte en medio del proceso (si no nos despertamos, no recordamos nuestros sueños). Precisamente por ser posibles puntos de confluencia de recuerdos no procesados, focalizar los procedimientos de EMDR en los sueños es muy interesante. Sin embargo, como comentaba antes, no es recomendable hacerlo sin que la persona y su terapeuta tengan una buena comprensión de cuáles pueden ser esas conexiones. Sin un mapa detallado, es mejor no adentrarse en un territorio complejo como la mente humana. Aun con el mejor de los mapas, es cierto que **el trabajo con los sueños lleva a asociaciones curiosas**, que no pocas veces sorprenden al paciente y al terapeuta.

Esta hipótesis no es completamente nueva. Por un lado, desde otras orientaciones se ha planteado el interés de este trabajo, empezando por el clásico libro del fundador del psicoanálisis, Sigmund Freud, *La interpretación de los sueños*, publicado en 1899. Muchas de estas propuestas se basaban, sin embargo, en otorgar a los sueños una significación simbólica universal, respondiendo a preguntas como «¿qué significa soñar con ese elemento?» o relacionándolos con arquetipos culturales.

Lo que se plantea con el EMDR es bien distinto y tiene una explicación basada en el funcionamiento del cerebro, que tiene mucho que ver con las conexiones, las redes asociativas y los procesos de memoria. Por otro lado, sabemos que en el trastorno de estrés postraumático —un conjunto de síntomas que aparecen en personas que han sufrido una experiencia grave— es frecuente que aparezcan pesadillas. Unas veces, estas pesadillas son la repetición literal del recuerdo o de fragmentos de este; otras, son imágenes más simbólicas y mezcladas, pero que contienen elementos del trauma sufrido o emociones y sensaciones asociadas con él. Si consideramos que el EMDR funciona a través de mecanismos relacionados con los procesos que se activan durante el sueño, estas pesadillas serían intentos del cerebro de metabolizar —sin éxito— la experiencia traumática. Cuando focalizamos en estas pesadillas con este método, ponemos en marcha el mismo mecanismo, pero, en esta ocasión, gracias a la ayuda del terapeuta que lo guía o facilita, este proceso se completa.

Si tenemos sueños repetitivos, o elementos o sensaciones que se repiten en nuestros sueños, podemos pararnos en esto por un momento. Pensemos en una imagen del sueño o en la sensación que más destaca. Notemos qué emociones vienen cuando pensamos en ello y qué notamos en el cuerpo. Quedémonos un momento en esas sensaciones, y desde ahí **dejemos ir nuestra mente hacia atrás en el tiempo**, a la primera vez que recordemos haber notado algo —aunque sea remotamente— similar. No analicemos si tiene o no tiene relación. Podemos escribir durante cinco o diez minutos sobre cómo nos sentimos en aquel momento, y repetir esta escritura cada día a lo largo de un par de semanas. Observemos si algo cambia en nuestros sueños.

Si la conexión es con una experiencia que se nos hace difícil de manejar, es bueno que nos demos cuenta, pero no tratemos de trabajar en ello nosotros solos. Hagámoslo con ayuda de alguien, y en los temas complejos, no dudemos en recurrir a un terapeuta.

PARTE 3

LOS RECUERDOS PUEDEN CAMBIAR

¿DÓNDE SE APRENDE LA AUTOESTIMA?

Los recuerdos no son fotos fijas e inmodificables de lo que nos ha ocurrido. Aunque algunos de ellos puedan permanecer igual durante años, esto suele ser más bien un reflejo de que esas experiencias no han sido completamente procesadas. Como las viejas fotos, lo natural es que las situaciones relevantes nos dejen memorias coloreadas por emociones intensas, que con el paso del tiempo van pasando a tono sepia y perdiendo nitidez. Lo mismo pasa con los recuerdos, y cuando esto no sucede espontáneamente, podemos trabajar sobre ellos con herramientas terapéuticas, como la que estoy explicando en este libro.

Como decíamos, un recuerdo está compuesto de imágenes, pensamientos, emociones, sensaciones corporales... Empecemos por uno de estos elementos. ¿Por qué pensamos de nosotros mismos lo que pensamos? Nuestra opinión sobre nosotros mismos no está escrita a fuego en ningún lugar, no es una verdad absoluta, no es inmodificable. Son **creencias** muy diversas que se han generado a partir de nuestra experiencia y que, por tanto, pueden **evolucionar** y **cambiar**. A lo largo de este capítulo recorreremos algunas de ellas. Es importante que reflexionemos sobre cuáles son las que predominan en nuestro caso. Algunas de estas creencias son poco saludables. Si están muy presentes en nosotros y se activan con demasiada frecuencia, es importante que trabajemos sobre ellas. Pueden estar teniendo una influencia muy negativa en nuestra vida y, repito, podemos modificarlas. Iremos viendo cómo se hace. No se trata simplemente de darnos cuenta de que está ocurriendo, aunque tomar conciencia siempre ayuda y es el primer paso para cualquier cambio. Otro paso fundamental, desde la perspectiva del EMDR, es **entender de dónde viene** esa creencia, dónde aprendimos a pensar eso de nosotros mismos.

¿Cómo me valoro como persona?

El primer grupo de creencias tiene que ver con nuestra valoración de nosotros mismos. Podríamos definirnos, por ejemplo, con frases saludables como estas:

- No soy perfecto, ni falta que hace.
- Hago lo que puedo con las cosas, y también me cuido a mí mismo.
- Me siento vinculado a la gente, a las cosas, siento que pertenezco al mundo.
- Soy una persona valiosa, importante, me merezco cosas buenas.

¿Cómo nos ha sonado? ¿Normal? ¿Imposible para nosotros? ¿Demasiado pretencioso? Si es así, ¿cuál es nuestra música de fondo? Quizá nos digamos con frecuencia cosas muy distintas, basadas en creencias poco saludables que reducen nuestra confianza, nuestra fuerza:

- No valgo para nada.
- No soy importante.
- Me avergüenzo de mí mismo.
- Da igual cuánto haga, siempre pienso que tendría que hacer más.
- Por mucho que me esfuerce, en el fondo siempre siento que no soy suficiente, que no estoy a la altura.

Busquemos en la tabla siguiente dónde nos situamos internamente. Hay muchas más posibilidades, quizá nuestras creencias sobre nosotros mismos son distintas, pero este sencillo cuestionario nos ayudará a conocernos mejor.

Creencias no saludables	Creencias saludables
☐ No soy suficientemente bueno.	☐ Soy suficiente tal y como soy.
☐ Hay algo malo en mí.	☐ Estoy bien como soy.
☐ No valgo nada.	☐ Yo valgo.
☐ No merezco nada bueno.	☐ Me merezco cosas buenas.
☐ No importo, no existo.	☐ Soy importante.
☐ Tendría que poder hacer más.	☐ Hago lo que puedo.
☐ No pertenezco.	☐ Pertenezco a un grupo o a un lugar.
☐ No puedo cuidarme.	☐ Puedo (aprender a) cuidarme.

Estas creencias son muy nucleares y crecen con nosotros. Se desarrollan en las relaciones más significativas de nuestra vida, cuando estamos empezando a saber quiénes somos. Como hemos visto, estas creencias las vamos absorbiendo del modo en el que nos ven los demás:

- Si los que nos cuidan nos miran con un amor incondicional, el «yo valgo», el «soy importante» estará ahí de modo natural.
- Si crecemos con personas exigentes, será fácil acabar pensando que nunca somos «suficientemente buenos» o que, hagamos lo que hagamos, siempre «tendríamos que hacer más».
- Si ha habido mucha culpabilización y crítica, o vivimos cosas que nos generaron muchísima vergüenza, podemos llegar a pensar que no merecemos nada bueno.
- Si crecemos en un grupo cohesionado, donde nos sentimos cuidados, sentiremos que pertenecemos a esa familia.
- Si hemos cambiado de domicilio muchas veces, teniendo que romper lazos constantemente, podemos desarrollar un sentimiento de no pertenecer a ningún lugar.

Cuanto mejor haya sido el cuidado recibido, más fácil nos resultará cuidarnos sanamente. Sin embargo, por fortuna, más adelante tendremos una nueva oportunidad. Entender estas creencias como aprendizajes, que es lo que son, nos ayuda a que no nos arrastren. A veces nos cuesta soltarlas, porque cuando nos sentimos inseguros y frágiles, aferrarnos a nuestras convicciones (aunque nos hagan daño) nos aporta algo parecido a la seguridad. Pero es importante **flexibilizar nuestra mente, cuestionarnos nuestras convicciones, permitirnos evolucionar**.

Lo malo conocido nunca es mejor, pues, aunque nos suene familiar, no deja de perjudicarnos. Este quedarnos en lo malo conocido puede tomar la forma de convicciones rígidas que nos resistimos a abandonar. Si hay alguna creencia sobre nosotros de la que estamos tan extremadamente convencidos que creemos que nada puede hacerla cambiar, demos por seguro que bajo esa sensación hay un mecanismo de supervivencia. Probablemente, ya no lo necesitamos, pero igual no se desmonta solo. Pensemos cuándo se instaló en nuestra mente esa convicción, y hagámonos estas preguntas: ¿somos iguales que entonces?, ¿son iguales las circunstancias? No nos respondamos demasiado rápido. La pregunta es lo realmente importante, es la duda la que nos abre las puertas de una nueva posibilidad.

¿Nos sentimos seguros?

A lo largo de la vida nos pueden ocurrir cosas que rompan nuestra **sensación de seguridad básica**, esa que nos hace salir a la calle y vivir sin pensar continuamente que puede pasarnos algo malo. Sabemos que los problemas y los imprevistos existen, pero vivimos sin tener todo el tiempo en nuestra mente esos peligros potenciales. Esto es lo más sano, porque para el funcionamiento diario no necesitamos estar siempre en alerta, de hecho es bastante contraproducente. Esta alerta ha de activarse ante lo peligroso —y, si acaso, preventivamente ante lo nuevo— para estar preparados por si la situación se vuelve en nuestra contra. Fuera de estas situaciones, **la alerta ha de dejar paso a la calma**. Esto nos permite funcionar mejor en situaciones en las que hemos de descansar y cargar las baterías (no nos viene bien dedicar recursos mentales a problemas que no están sobre la mesa) o relacionarnos (estar tranquilos con gente fiable con la que podemos compartir y conectar).

Sin embargo, con frecuencia esta sensación de seguridad básica se rompe. Podemos tener un accidente, una enfermedad, puede venir una pandemia, o pasarle algo a alguien cercano o a una persona con la que podríamos identificarnos. La posibilidad de que algo vaya mal se hace muy presente entonces, y puede tardar mucho en abandonarnos. Quizá, para recuperar la seguridad, tratamos de reforzar la sensación de control. Esta ayuda en ese momento, pero si se hace demasiado grande (tomamos excesivas precauciones para no contagiarnos, no cogemos el coche para no volver a tener otro accidente, etcétera) puede acabar limitándonos. El control es un sucedáneo de la seguridad, y nos vale de modo temporal, hasta cierto punto. La única alternativa realmente eficaz es abrazar la incertidumbre, asumir que pueden pasar cosas malas, aprender a tolerar esa sensación y habituarnos a ella. Dejará de ser tan fuerte e irá estando menos presente. Con el tiempo, volverá la seguridad que nos hace **confiar en nuestros propios recursos para afrontar lo que venga**.

¿Cómo podemos potenciar estos recursos internos? Lo primero, seamos conscientes de que los tenemos. Los recursos externos son demasiado frágiles, dependen de que lo que nos rodea sea previsible, de que la vida no se salga del guion. Ya hemos visto durante la pandemia que no es rentable depender de ellos. Los recursos internos, por el contrario, nos acompañan siempre. Son nuestras capacidades, lo que se nos da bien, o lo que nos sentimos más capaces de aprender y desarrollar. Puede que haya cosas de nosotros mismos que no nos gustan, pero, en este momento, centrémonos en las que sí, en nuestros puntos fuertes. Tratemos de pensar en lo que sí tenemos, en lo que sí somos, y en lo que sí podemos. Para ello, tratemos de completar estas frases con todas las respuestas que se nos ocurran:

- Yo tengo... (ej: paciencia, sentido del humor, etc.)
- Yo soy... (ej: firme, cariñoso, creativo, etc.)
- Yo puedo... (ej: escuchar, pelear, rectificar, etc.)

Estos son solo ejemplos, busquemos los nuestros. Una vez que hayamos hecho la lista, parémonos un minuto (con sus sesenta segundos) en cada uno de esos recursos. Observemos las emociones y sensaciones que vienen con ellos y dónde las notamos en el cuerpo. Podemos ir ampliando poco a poco la lista con todo aquello de lo que nos vayamos dando cuenta.

A veces, sin embargo, no podemos recuperar nuestra seguridad porque el impacto de lo que ocurre es tan grande, o dura tanto, que se nos queda literalmente «el miedo metido en el cuerpo». También puede ocurrir que nunca hayamos tenido una sensación interna de seguridad. Si hemos crecido con personas inseguras o en entornos caóticos, sin apoyo emocional o directamente hostiles, nos será imposible encontrar en nuestro interior momentos en los que nos hayamos sentido seguros. Que esto no nos preocupe, es algo que se puede desarrollar. Veamos algunas creencias que tienen que ver con esta área.

Creencias no saludables	Creencias saludables
Estoy en peligro.	Estoy a salvo.
Es peligroso sentir.	Es seguro sentir emociones.
Soy una persona indefensa.	Me puedo proteger.
No puedo hablar.	Puedo contarlo.
No puedo fiarme de nadie.	Puedo elegir en quién confiar.

¿Dónde nos situamos en las frases anteriores? En algunas situaciones, estas creencias tienen sentido. Cuando estamos ante algo peligroso, es bueno darnos cuenta porque nos ayuda a protegernos. Sin embargo, en ocasiones seguimos sintiéndonos en peligro cuando la situación ha pasado. Hemos tenido un accidente y nos sentimos angustiados cada vez que cogemos el coche. Alguien nos ha hecho daño y estamos a la defensiva con los que quieren ayudarnos o nos aprecian. No pudimos protegernos de algo y nos seguimos sintiendo indefensos, aunque en la actualidad sí tenemos más recursos para reaccionar. Puede darnos miedo incluso sentir nuestras emociones. Hasta podemos tener miedo al propio miedo, o a hablar de ello con gente de confianza.

Encontrar las experiencias que activaron en nosotros estas reacciones es importante, y trabajar sobre ellas es un método muy eficaz para desmontarlas desde la base. La ventaja de hacer este trabajo con EMDR es que se ha visto su efecto sobre el procesamiento del miedo, incluso en estudios con animales. Esta sensación de alerta, que se activa más aún al pensar en las situaciones que la generaron inicialmente, puede desactivarse de un modo potente con ayuda de la estimulación bilateral. Es importante para conseguirlo permitirnos sentirla sin tratar de evitarla, mientras se pone en marcha el sistema que el cerebro utiliza para procesar la información. Si pensamos en la posible relación entre los movimientos oculares y el reflejo de orientación, lo que hacemos es reiniciar la respuesta que se quedó fijada en la situación amenazante, de manera que se vaya «aflojando» hasta dejarnos volver a la sensación de seguridad. Los protocolos del EMDR para personas que han trabajado en primera línea en la reciente situación generada por la COVID-19 estaban centrados únicamente en bajar su nivel de activación y desbloquear el sistema nervioso, para permitir así que su nivel de estrés disminuyera. Gracias a ello, podían descansar y seguir funcionando con buenos resultados. Lo mismo puede hacerse con recuerdos antiguos que quedaron asociados a este estado de alerta, y que no nos permiten recuperar la calma.

Cuando la sensación de alerta viene de antiguo, cuando no nos permitimos fiarnos de nadie —obligándonos a estar siempre a la defensiva— o nos quedamos atascados en la indefensión, no sintiéndonos capaces de protegernos, se trata ya más de patrones arraigados que de bloqueos puntuales. Además, estos patrones pueden hacer que nos cueste fiarnos hasta de un terapeuta, en el primer caso, o que no asumamos ningún protagonismo en el proceso de cambio, en el segundo. Creeremos que nadie ni nada nos podrá ayudar, y que solucionar nuestras dificultades está fuera de nuestro alcance. Es importante **tomar conciencia de estos auto-**

matismos y **trabajar en desmontarlos**, a la vez que se van procesando los recuerdos que dieron lugar a ellos. Desconfiar cuando hay enemigos por todas partes es un mecanismo de protección, hacerlo de los que tratan de ayudarnos con buenas intenciones, o de los que simplemente no van a dañarnos, consigue que sea peor el remedio que la enfermedad. Nos aislamos, nos privamos de apoyos que podrían ser buenos para nosotros y de muchas cosas buenas de la vida que vienen a través de las relaciones. Además, estamos haciendo «pagar a justos por pecadores», etiquetando a todo el mundo a partir de nuestra experiencia con algunas personas. El equilibrio saludable se encuentra entre confiar y desconfiar, entre aproximarnos a la gente y fiarnos de buenas a primeras de cualquiera sin dar tiempo a conocerlo. Los extremos, como en casi todo, son el verdadero problema.

¿Cómo vemos el mundo?

¿Lo sentimos caótico, totalmente impredecible? ¿Nos vemos con cierto control sobre las cosas? ¿O no nos fiamos de nosotros mismos ni de nuestra capacidad para valorar a la gente o las situaciones? ¿Nos parece que, pase lo que pase, siempre tendremos opciones? ¿O nos sentimos a merced de los elementos, sin otra posibilidad que dejarnos arrastrar por las circunstancias? ¿Nos sentimos capaces de conseguir cosas que queremos, de tener éxito, de pedir lo que necesitamos? ¿Somos capaces de manejar nuestras emociones o nos vemos incapaces de soportarlas? ¿Podemos lidiar con la vida y lo que trae consigo? ¿Podemos ensayar (y por tanto equivocarnos) o tratamos de controlar cosas imposibles, exigiéndonos ser perfectos?

Este grupo de creencias tiene que ver con si ponemos el control fuera o dentro, con si nos centramos en lo que nos rodea o bien en nuestras capacidades. Lo primero siempre nos deja a merced de los elementos, con lo segundo siempre podemos contar.

Creencias negativas	Creencias positivas
No se puede confiar en mí.	Soy de fiar.
No puedo fiarme de mi criterio.	Puedo confiar en mis valoraciones.
No hay control en mi vida.	Tengo sensación de control sobre mi vida.
No puedo hacer nada.	Tengo opciones.
No puedo tener lo que quiero.	Puedo conseguir lo que quiero.
No puedo mostrar lo que necesito.	Puedo pedir lo que necesito.
Nada me sale bien, soy un fracaso.	Puedo tener éxito.
No soporto estar así, sentirme así.	Puedo aceptar lo que me pasa y lo que siento.
Tengo que ser perfecto.	Puedo cometer errores.

Si trabajamos sobre experiencias en las que nos sentimos infravalorados (y que nos hicieron creer que no valemos), en las que estuvimos en peligro (que nos mantienen a la defensiva o sintiéndonos desprotegidos), en las de un mundo impredecible donde nuestras opciones eran pocas (y nos hicieron pensar que sigue siendo así), nuestras creencias evolucionarán. Sentiremos que **somos valiosos solo por ser personas**, con nuestros más y nuestros menos. Que a alguien no le importemos no nos hará sentir que no importamos, porque nos importaremos a nosotros mismos. Sabremos que, aunque puedan pasar cosas malas, no están ocurriendo todo el tiempo, y que nuestro organismo volverá a la calma cuando el peligro haya pasado. **Confiaremos en nuestros propios recursos**, aunque el mundo se vuelva impredecible y algunas puertas se cierren.

Podemos conseguirlo simplemente cuestionándonos estas creencias, dándonos argumentos para cambiarlas y valorando otras perspectivas. Pero el efecto es más potente si las desmontamos desde la base, si neutralizamos los recuerdos que todavía las siguen alimentando.

Modificar las creencias

Sean las creencias del primer grupo (sobre cómo nos definimos), las del segundo (relativas a la sensación de seguridad básica y nuestra capacidad para protegernos) o las del tercero (relacionadas con sentir confianza en nuestros recursos para regularnos e influir sobre el mundo), todas ellas no son más que eso, creencias. Y, como sabemos, pueden modificarse para conseguir que, en lugar de limitarnos, nos potencien, nos hagan más fuertes. Para facilitar que esto pueda suceder no nos creamos demasiado nuestras propias creencias, no nos empeñemos en defenderlas de quien nos devuelva otra imagen de nosotros mismos. En la medida en que podamos —lo sé, a veces no es nada fácil— dejemos una puerta abierta al cambio.

NADA ES MÁS TRAUMÁTICO QUE OTRO SER HUMANO

Incluso en aquellas situaciones que son accidentales o consecuencia de catástrofes naturales, la peor parte suele tener que ver con el elemento humano. Por ejemplo, durante la pandemia muchos profesionales que trabajaron en primera línea estuvieron expuestos a los elementos más traumáticos de la situación. Para los médicos los peores momentos no se debieron a la exposición en sí, sino a la desprotección en la que los dejó el sistema sanitario, los conflictos internos, el rechazo de algunas personas, la posibilidad de contagiar a su familia, el dolor de los que no pudieron salvar... En cualquier situación traumática, el factor humano es siempre el más difícil de asimilar para la persona.

Si lo pensamos, tiene mucho sentido. Cuando sufrimos una catástrofe natural, un accidente o una enfermedad, podemos aceptarlo como «cosas que pasan». Sin embargo, si es una persona la que hace daño, se añade un factor de intención. Hay otro ser humano, alguien que podría haber decidido hacer otra cosa, que nos hiere. Por ello, en los traumas de todo tipo, este componente es el que las personas seleccionan con más frecuencia como la peor parte de la experiencia. Como veíamos en el caso de **Ricardo**, los elementos más perturbadores para él no estaban relacionados con el accidente en sí. Lo peor, con mucho, fue verse en la camilla sin que nadie detuviese su mirada en él, mientras oía discutir a dos personas al fondo. Si nos fijamos, lo más duro no fue ni siquiera lo que pasó, sino precisamente lo que no pasó, lo que hubiera necesitado más que nada en aquel momento y, al igual que de niño, no se produjo: una mirada de interés, alguien que se mostrase preocupado por cómo se sentía. Cuando una persona está sufriendo una situación traumática se encuentra en una situación emocional altamente vulnerable, y el modo en el que actúan los que intervienen tiene un gran potencial, tanto para ayudar como para aumentar el daño.

Cuando hablamos de estrés postraumático tendemos a pensar en situaciones como accidentes, agresiones o catástrofes naturales como terremotos o inundaciones. Sin embargo, hechos más cotidianos, aparentemente insignificantes, pueden producir un daño igual o mayor. En la terapia EMDR los recuerdos sobre los que se trabaja son de ambos tipos, y el efecto de la intervención es muy similar en unos y en otros.

Quiero llevarme bien con mi madre

Cecilia tiene treinta y dos años y trabaja en ayuda a domicilio. Esta última temporada solo encuentra empleos a tiempo parcial, así que ella y su hija Lara han tenido que volver, en principio por unos meses, a casa de su madre. Esta vivía sola desde que el padre de Cecilia murió, cinco años atrás, de modo repentino. La relación con su madre siempre ha sido difícil, pues esta suele cuestionar sus decisiones y sus opiniones casi sistemáticamente, o así lo siente Cecilia. Desde pequeña, se sintió más entendida por su padre, un hombre afectuoso que no solía discutir por nada. Cuando hija y madre discutían, el padre solía mirarla con gesto cómplice, pero nunca se enfrentó a su esposa cuando esta era demasiado dura con la niña.

Tras la muerte del padre, las cosas empeoraron. Su madre se volvió aún más fría, y su dolor se convirtió en hostilidad. Cuando Cecilia hablaba de ella, no podía parar. Su lista de momentos en los que se sentía mal era enorme, pues siempre se veía cuestionada, infravalorada, descalificada... Pese a ello, no dejaba de intentar que su madre entendiera sus problemas y sus sentimientos. Le contaba sus preocupaciones para encontrarse una y otra vez con que ella respondía hablando de las suyas propias, como si ante los problemas de Cecilia su contestación fuese siempre «yo más». Si Cecilia opinaba algo, le hacía ver no solo que se equivocaba, sino también que tenía poco criterio para opinar sobre nada. Si hablaban de cualquier tema, la conversación terminaba siempre con una escena repetida en la que su madre sacaba a relucir (viniese a cuento o no) cualquiera de las que ella consideraba las muchas equivocaciones de su hija.

La principal de estas «equivocaciones» era el exmarido de Cecilia, padre de su hija. Se casaron después de varios años de novios, y enseguida tuvieron a la niña, pero hubo problemas y se separaron cuando la pequeña Lara tenía solo dos años. Cecilia había intentado defenderse por su cuenta, pero su sueldo no daba para mucho y el padre de la niña apenas aportaba dinero. Al separarse, cuando le contaba a su madre los problemas que tenía con su exmarido y, sobre todo, cuando tuvo que rendirse a la evidencia y volver a casa de su madre, Cecilia se encontró siempre con un «te lo dije». La convivencia de ambas con la niña pequeña suponía una fuente habitual de roces, ya que la abuela descalificaba con frecuencia a Cecilia como madre, o se saltaba directamente sus criterios respecto a la educación de la niña calificándolos de «tonterías».

¿Qué puede hacer la psicoterapia en una situación así? Podría parecer que, sin mejorar la situación económica de Cecilia, no hay margen de maniobra. Y a la vista de su historia, tendría más sentido que fuese su madre quien se pusiera en tratamiento y cambiase su actitud. Si madre e hija acudiesen juntas, se podría tratar de cambiar el tipo de comunicación entre ellas. Sin embargo, como frecuentemente sucede, la persona que acude a consulta no es la que más problemas tiene, sino la que más sufre con la situación. A veces hay soluciones que no son viables, y no tiene sentido descartar otras porque creamos que no son las ideales; toca centrarnos en las **soluciones posibles en el momento actual y echar mano de los recursos que tenemos** en ese momento.

Empecemos por hacer un análisis más amplio de lo que ocurría. Cecilia había pasado su infancia y adolescencia, las épocas en las que nuestro sistema nervioso se está desarrollando y configurando, con sus padres y su particular forma de relacionarse con ella. No había tenido grandes traumas en el sentido que frecuentemente damos a esta palabra, es decir, no había sufrido maltrato físico, agresiones, accidentes, muertes o graves enfermedades en la familia. Su madre funcionaba de este modo, pero nunca la había insultado, ni había habido violencia en la familia. Sin embargo, la expresión de la cara de su madre, casi más incluso que sus palabras, había tenido una profunda influencia en cómo la mente de Cecilia se había organizado internamente, y también en su funcionamiento en las relaciones.

¿Dónde se aprende el lenguaje emocional?

El significado de lo que sentimos nos es ajeno cuando somos niños. Un bebé no distingue si la sensación incómoda que nota en su estómago es hambre, miedo o una señal de que está enfermo. Necesitamos que otros nos «lean», que puedan ver mucho más allá de lo que nosotros vemos. De otro modo, las conexiones hacia dentro, los canales por los que podemos ver lo que sentimos (y, por tanto, lo que necesitamos y también lo que nos sobra), no se abrirán. El significado de lo que sentimos lo absorbemos en gran parte de la expresión de la cara de las personas que nos miran mientras lo estamos sintiendo. De hecho, los cuidadores amplifican esta expresión emocional —funcionan como un espejo de aumento—, y de ahí el niño podrá interiorizar una imagen de sí mismo en el estado emocional correspondiente. Cuando el niño ríe, el adulto que le cuida se ríe aún más y hace una fiesta; cuando llora, pone cara de pena, resonando con lo que el niño siente. Después, con la expresión, la mirada, el tono de la voz, el adulto va encauzando el estado del niño en una u otra dirección. No ocurre de modo inmediato, es como un baile, como un fluir de ida y de vuelta, en el que el niño va aprendiendo a mirarse, entenderse, regularse y cuidarse.

Los adultos no somos seres con un perfecto equilibrio emocional y una capacidad absoluta de percibir cómo se siente el otro. Somos a la vez hijos de nuestras propias historias y resultado de nuestros propios aprendizajes. La madre de Cecilia fue también una niña rechazada en una familia de cinco hijos donde solo los cuatro varones eran valorados. Mientras todos estudiaron, a ella le echaron abajo todos sus intentos de progresar y de adquirir autonomía. Su salida de la casa donde se crio fue de la mano de su marido, el padre de Cecilia, y debido al embarazo. El nacimiento de Cecilia fue para su madre una forma de escapar, pero, a la vez, la entrada en otra relación en la que le tocaba cuidar. Vivió ese papel con amargura, y su matrimonio nunca tuvo una oportunidad de funcionar. Cuando su mente buscaba un modelo de cómo ser madre, solo encontraba rechazo y desprecio. Nunca pudo hablar con su hija otro lenguaje.

Aunque Cecilia sabía que la historia de su madre había sido dura, esto no le servía de nada para adquirir perspectiva. Comprendía que determinadas conversaciones entre las dos no tenían sentido. Hablar con su madre de sus sentimientos, de su vida y de sus preocupaciones la conducía siempre a un sentimiento de incomprensión y a más malestar del que inicialmente tenía. Sin embargo, experimentaba una compulsión irrefrenable que la llevaba a buscar agua fresca a un pozo en el que sabía de sobra que no había agua potable. Se enfadaba consigo misma por caer siempre en la misma trampa, pero eso no cambiaba la situación.

En el trabajo con EMDR Cecilia exploró sus patrones de autocuidado, el modo en el que se trataba cuando estaba mal, cómo buscaba ayuda y a quién recurría, cuáles eran sus expectativas respecto a que los demás la cuidasen y cómo funcionaba con el afecto y las sensaciones positivas. Vio que, en su interior, ella se miraba con el mismo rechazo con el que su madre lo hacía, se reprochaba sus decisiones y dudaba constantemente de ellas. Esperaba —contra toda lógica— que su madre respondiera a sus necesidades como nunca lo había hecho, mientras ella misma no atendía esas necesidades ni tendía a rodearse de gente que sí lo hiciera. Cuando la gente le decía cosas positivas, se sentía incómoda, no se lo creía y hasta lo neutralizaba internamente pensando «seguro que me lo dice por decir». Si hacía cosas para ella misma, se sentía siempre egoísta, y además mala madre por no estar con su hija todo el tiempo. Fue entendiendo las conexiones entre sus sensaciones y el tipo de cuidado que había recibido, en el que había habido pocos comentarios positivos y experiencias de disfrute compartidas. Lo que se decía por dentro se parecía demasiado, curiosamente, a lo que tanto daño le hacía que su madre le dijera. Tomar conciencia de esto ayudó a Cecilia, poco a poco, a empezar a tratarse diferente por dentro, a buscar ayuda en los que sí podían dársela —la encontró en un par de buenas amigas suyas— y a permitirse disfrutar un poco más de las cosas buenas.

Junto a este trabajo de comprensión de su funcionamiento en el autocuidado, también se trabajaron recuerdos concretos con los procedimientos específicos del EMDR. Un recuerdo fue, por ejemplo, la expresión típica de la cara de su madre. Esa imagen era en realidad un conglomerado de miles de momentos y muchísimas situaciones que hicieron crecer en Cecilia una creencia de «no valgo». Con esa imagen y esas palabras en su cabeza, notando la sensación de angustia en el estómago que le era tan familiar, trabajó durante unas tres sesiones desbloqueando el recuerdo con tandas de movimientos oculares. En su mente se sucedieron escenas de muchos momentos, de distintas edades, unidas por el denominador común de aquella cara de rechazo que venía de la persona de la que hubiera necesitado sentir una aceptación sin condiciones. Pasó por muchas emociones, desde la rabia por cómo la había tratado su madre a la tristeza por su propia experiencia o la vergüenza que en ocasiones le había generado... Poco a poco el dolor de estómago se calmó y su cuerpo fue perdiendo tensión. Al final de la tercera sesión, Cecilia pudo mirar el recuerdo sin notar malestar, ya no la hacía sentir que no valía. Aunque todavía tenía poca seguridad en sí misma y no era capaz de valorarse en muchas áreas de su vida, frente a aquella situación se sentía diferente. Incluso veía de un modo distinto la cara de su madre ahora, le parecía más un reflejo de su propia amargura que una expresión de rechazo hacia ella.

Cecilia tuvo que trabajar muchos más recuerdos de su historia, que abarcaron diferentes momentos con su madre, la falta de protección de su padre, el relato de su madre de cómo se casó embarazada de ella y lo que le había supuesto, y muchos otros. Algunos no tenían que ver con su familia, pero se enlazaban en la misma sensación: sentirse excluida por unas amigas ante las que sentía que tenía que arrastrarse para que le hicieran caso, los problemas con el padre de su hija, etcétera. Luego, Cecilia trabajó las situaciones presentes con su madre y su exmarido, así como verse hacia el futuro funcionando de otro modo. Pudo imaginarse ante su madre no entrando en determinados temas, y sintiéndose y respondiendo de manera diferente cuando ella repetía sus comentarios habituales. Se sintió confiada en poder hacer esto. De hecho, durante este periodo de tiempo, una parte del cual transcurrió mientras convivía con su madre, pudo comprobar sus cambios internos. Su madre seguía funcionando como siempre, pero ella reaccionaba diferente.

El cambio más importante fue que, al ser ella más capaz de entenderse y de cuidarse, dejó progresivamente de esperar que la comprensión y el cuidado viniesen de fuera. Esto produjo además, para sorpresa de Cecilia, cambios muy grandes en las personas que la rodeaban. Por un lado, la gente empezó a ser más considerada con ella. No los mismos con los que habitualmente se relacionaba, sino las nuevas relaciones: ahora se rodeaba de personas con otro estilo, que sí le aportaban emocionalmente. Por otra parte, lo que es más curioso aún, su madre empezó a cambiar. No por completo, claro, pero al cambiar Cecilia el paso de baile, ya no pudieron seguir repitiendo la misma danza tan desagradable para ambas. Cecilia se dio cuenta de que, al sentirse tan mal antes por la conducta de su madre, su propio malestar disparaba aún más las reacciones negativas de aquella. En cualquier caso, ya no cifraba en esa relación todas sus expectativas de recibir cariño y aceptación. Un niño no tiene más recursos que los que los adultos que lo crían quieren y pueden darle, un adulto **siempre tiene más opciones**. Ahora Cecilia, sueltos los hilos que la ataban a su pasado, se sentía verdaderamente adulta y mucho más segura.

¿DE QUÉ ESTÁN HECHOS LOS RECUERDOS?

No todos recordamos igual las etapas pasadas. Algunas personas tienen una memoria muy minuciosa y pueden traer a su mente muchísimos detalles, mientras que otros tienen recuerdos más vagos y genéricos. Podemos recordar de modo más visual o más auditivo. Todos estos tipos de memoria son normales y reflejan la estructura diferente que tiene el sistema nervioso en cada individuo, representando muchas variantes saludables.

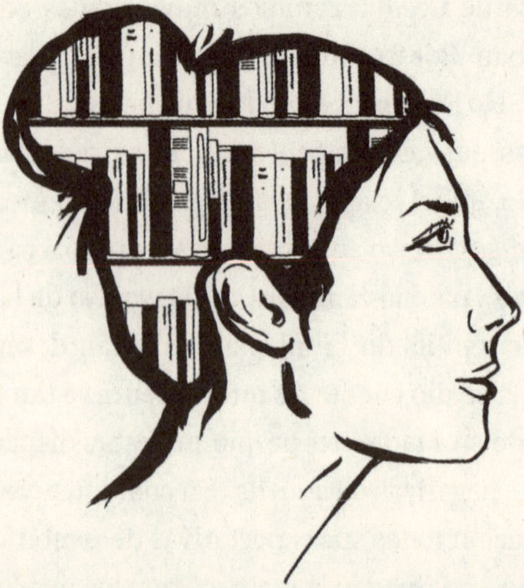

Cuando nuestro cerebro registra y almacena la información, realmente está llevando a cabo muchísimos procesos diferentes. Percibimos el contorno de las cosas, los colores, las luces y las sombras, y también los sonidos, las texturas, los sabores y olores. Sabemos que muchos de esos elementos nos resultan familiares porque guardamos registros, memorias, de las percepciones de nuestros sentidos. Nuestro cerebro los compara de modo automático con esas memorias y decide «esto me suena». También recordamos patrones y secuencias, como todo lo que necesitamos para montar en bicicleta.

En el proceso que sigue nuestro sistema nervioso para almacenar recuerdos se suceden varios pasos.

Un puzle de memorias y sensaciones

Una primera memoria tiene que ver con los **sentidos**, por lo que la llamamos ***memoria sensorial***. Guardamos unos instantes en ella algunas imágenes, sonidos, olores, sensaciones del tacto y del gusto, etcétera, que nuestra mente filtra, entre todos los estímulos que recibe, porque los considera relevantes. Esto ocurre de modo involuntario y solo dura unos segundos. Algunas de estas sensaciones llamarán más nuestra atención y pasarán a la segunda fase.

Si hemos de hacer algo con esa información, mantenemos algunos de estos elementos en nuestra **memoria a corto plazo**. Es algo así como la memoria RAM del ordenador: nos permite retener por unos momentos lo que acabamos de leer, de modo que lo que venga después tenga coherencia, o tener en mente lo que hemos de hacer para completar una tarea.

Si esa información que mantenemos en nuestra mente tiene relevancia para nosotros (lo notamos porque nos genera emociones) o tiene un significado particular (lo sabemos conectando esta información con informaciones previas almacenadas en nuestras redes de memoria), la incluiremos en nuestra **memoria a largo plazo**, el archivo donde conservamos los «datos que tener en cuenta para la siguiente vez que...». Aquí, los recuerdos que vale la pena mantener almacenados pasan, por decirlo así, a la biblioteca de nuestra historia. Aunque tienen distinta fuerza, estos recuerdos se van consolidando y fijando en nuestro cerebro. Al parecer, una buena parte de estos procesos de consolidación se producen durante el sueño.

Algunos recuerdos son **conscientes** y se almacenan en la **memoria explícita o declarativa.** Podemos evocarlos, traerlos a nuestra mente. Pensamos sobre algo de modo intencionado, mirando hacia dentro, relacionando los recuerdos nuevos con otros ya guardados, vinculando entre sí los que tienen elementos comunes.

Otros recuerdos **no son conscientes**, no podemos acceder a ellos de modo directo. Este tipo de **memoria implícita** nos dice si algo nos suena familiar o es un estímulo nuevo. Un tipo específico de memoria no consciente es la que tiene que ver con los hábitos y el funcionamiento automático (la llamamos ***memoria procedimental***, pues conserva los procedimientos que seguiremos en nuestro día a día). Sabemos hacer las cosas porque está almacenado en nuestra memoria cómo hacerlo, sin que tengamos que pensar los pasos que hemos de dar en cada momento para prepararnos un café o montar en bicicleta.

Cuando echamos la vista atrás, nos vienen **momentos**. Estas situaciones quedaron grabadas como los episodios más relevantes de la serie de nuestra vida (por eso se denomina ***memoria episódica***). Generalmente se trata de experiencias que nos generaron emociones importantes o de los momentos en que estábamos haciendo algo por primera vez (el cerebro guarda esta primera referencia para más adelante).

En el trastorno por estrés postraumático, estas últimas memorias son uno de los síntomas principales. Una experiencia altamente traumática se queda almacenada con mucha viveza, las imágenes, los sonidos, los olores... es como si los estuviésemos viviendo otra vez, son muy reales. Lo mismo ocurre con experiencias que, aunque no supusieran un peligro vital para nosotros, tuvieron un significado especial que hizo que fuera imposible para nuestro cerebro asimilarlas. Podría decirse que estos recuerdos se han quedado en algún punto entre la percepción inicial y la consolidación definitiva en la memoria a largo plazo, como si estuviesen «a medias». Son este tipo de recuerdos los que buscamos en la evaluación de la historia personal que hacemos con EMDR, ya que trabajando sobre ellos se puede volver a poner en marcha, gracias a la estimulación bilateral, el procesamiento de información que permite completar el proceso.

¿Cuándo superamos verdaderamente una experiencia?

En este punto hay una diferencia particularmente importante para el trabajo con EMDR. Algunos recuerdos pudieron generar emociones intensas en el pasado, pero al evocarlos ahora están completamente desprovistos de emoción. Ya no notamos nada al pensar en ellos, aunque nos paremos con detenimiento a observar nuestras sensaciones, en particular las del interior del cuerpo. Otras memorias, en cambio, independientemente de cuánta emoción nos generaron en su momento, siguen produciéndonos sensaciones perturbadoras. Para discriminar cuándo un recuerdo está verdaderamente resuelto, hemos de pararnos cierto tiempo a pensar en ello, notando las sensaciones que nos genera. Si estas no son iguales que las que nos produce cualquier objeto neutro que tengamos frente a nosotros, aún quedan ahí residuos emocionales que nos conviene deshacer.

La diferencia entre los recuerdos procesados y almacenados y los que no llegaron a la biblioteca es que las memorias no procesadas son fijas, difíciles de modificar, y todavía contienen imágenes, sonidos, olores y otros elementos, todos ellos muy vivos, muy realistas, muy definidos. Por el contrario, los recuerdos de la biblioteca son, como comentaba anteriormente, como las fotografías antiguas, con colores apagados por el efecto de la luz y el aire, atenuadas por el paso del tiempo.

Las memorias no procesadas se asocian además a un nivel mayor o menor de **emociones** que se han quedado «adheridas». Las emociones son necesarias cuando las situaciones se están produciendo, ya que nos marcan qué información es relevante y qué hemos de hacer con ella. Mientras percibimos algo, gracias a las emociones, sabremos por ejemplo si un alimento es agradable (la sensación placentera nos dirá que la comida es buena y guardaremos el dato) o desagradable (sentiremos asco y nuestro cerebro registrará «no volver a comer esto»). Las emociones nos dicen si una persona es segura (sentimos calma), si nos aporta cosas (sentimos afecto), si puede causarnos daño (sentimos miedo o rabia). También nos avisarán sobre nuestra conducta y el significado de nuestras acciones: la vergüenza nos dice que algo es socialmente mal visto, y guardaremos esa información para ir ajustando nuestro comportamiento; la rabia nos dirá que algo nos ha hecho daño, y recordaremos que hemos de defendernos. Por último, las emociones nos dicen qué hacer ante las cosas a la hora de cubrir nuestras necesidades básicas.

Cuando pasa el tiempo y la información está archivada, las emociones que la rodearon pasan a ser innecesarias. Si esto nos genera dudas, pensemos en lo siguiente: para saber que chocar con la esquina de la mesa es doloroso, no necesitamos sentir el dolor que nos causó el año pasado; basta con que recordemos que en aquella ocasión nos dolió. Lo mismo ocurre con todas las emociones. Una vez que las notamos, ya hemos tomado nota, así que las antiguas emociones se van para dejar paso a otras nuevas que surgen con lo que viene en cada momento. Si guardásemos todas las emociones de todos los momentos, nos saturaríamos. De hecho, cuando algunos recuerdos siguen teniendo carga emocional, producen interferencias. Al ir nuestra mente a buscar al archivo qué hacer ante una nueva situación, se encuentra con un cierto nivel de emoción que se sumará a la que se está generando en ese momento. Esto puede hacernos reaccionar desproporcionadamente o producir un conflicto entre distintas emociones, con lo que nos bloqueamos.

Cuando empleamos la estimulación bilateral sobre este tipo de recuerdos que no se procesaron del todo, el proceso es comparable al que se produce cuando las cosas evolucionan y se completan de forma natural. Los vivos colores de las fotografías se van diluyendo y las imágenes se vuelven más vagas, borrosas o distantes. La emoción se reduce hasta desaparecer. Las sensaciones del cuerpo también se suavizan y atenúan. El procesamiento que no pudo terminarse en el periodo posterior a esa experiencia se desbloquea y se completa, y los cambios en la imagen y las emociones son una señal de que se está produciendo.

Las **sensaciones corporales** no son únicamente las que van asociadas a emociones. Cuando estamos tristes, podemos notar lágrimas en los ojos o una sensación en el pecho. Con la rabia, podemos tensar los músculos o cerrar fuerte la mandíbula. Con el miedo, nos tiemblan las piernas y tenemos ganas de levantarnos y echar a correr. La vergüenza hace que bajemos la cabeza, el asco nos da una vuelta en el estómago. Pero los componentes corporales de los recuerdos pueden ser de otro tipo, como el dolor de un golpe, el amago de un movimiento y otras muchas sensaciones indefinidas; todos ellos se almacenan con los demás elementos y también han de desbloquearse.

Para acceder a los recuerdos y poner en marcha el procesamiento de información, conviene activar todo este material. Para ello, nos preguntamos con cada recuerdo por una imagen (o cualquier otro elemento sensorial como sonidos, olores, etcétera), un pensamiento que refleja una creencia negativa sobre nosotros (lo que esa experiencia nos dice sobre quiénes somos), las distintas emociones que nos genera (y el nivel de perturbación global que nos causa) y las sensaciones de nuestro cuerpo.

Se dibujará también la dirección del cambio que sabemos que se produce con las memorias. Por ejemplo, el paso de la memoria traumática —al estar bloqueada, aún nos influye negativamente (alimenta nuestras creencias negativas)— a la memoria ya almacenada que funciona como un aprendizaje y una referencia para el futuro (potencia nuestras creencias positivas). Para ello, por un lado buscaremos la **creencia negativa** que más se relaciona con la experiencia que queremos trabajar y, por otro, la **creencia positiva** que nos gustaría tener frente a ese recuerdo.

Finalmente, una vez procesado el recuerdo, recuperaremos un tipo de memoria que nos permite decir «esto es historia»: la **memoria narrativa o autobiográfica**. Si algo ha sido duro, y aún no está resuelto emocionalmente, puede costarnos hablar de ello. Si lo hacemos, lo contamos desconectados de todo este material atascado. Cuando los recuerdos están asimilados, podemos convertirnos en un relato: la novela que cuenta nuestra historia pasada. Cuando estos recuerdos están procesados y consolidados —están bien almacenados en el archivo—, funcionan como historia antigua, como experiencia acumulada, como nuestros cimientos. Y para que el edificio de nuestra vida sea firme, esos cimientos han de estar bien asentados.

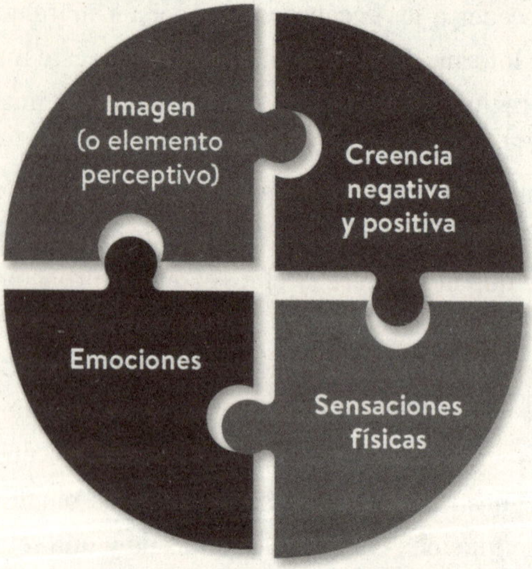

Diferenciar estos elementos es interesante para poder «deshacer» los recuerdos. Para ello, pensemos en cualquier experiencia que nos genere malestar, pasada o presente. No es necesario ni conveniente que hagamos esto con el momento más difícil de nuestra vida, pongámonoslo fácil. Hagámonos estas preguntas:

- **Imagen:** ¿Qué imagen representa la parte peor de la experiencia? Si hiciésemos una foto del peor momento, ¿qué saldría en ella?
- **Creencia negativa:** Manteniendo esa imagen en nuestra mente, ¿qué palabras sobre nosotros mismos nos vienen a la cabeza? ¿Cómo completaríamos esta frase?: «Yo soy una persona...». No es algo que pensamos sobre nosotros en general, solo ha de activarse cuando miramos la imagen. «Mirar ese momento me hace sentir como si fuera...». No es lo que sentimos entonces, es lo que aún ahora, al pensar en ello, nos sale decir sobre nosotros.
- **Creencia positiva:** ¿Qué nos gustaría creer en lugar de esto, sobre nosotros, mirando esa imagen? No tenemos por qué creérnoslo aún, pero es bueno que podamos pensar cuál sería el cambio más productivo en este aspecto.
- **Emociones:** Pensando en la imagen y en esas palabras negativas, ¿qué emociones nos genera?
- **Sensaciones:** ¿Dónde notamos el malestar en el cuerpo?

PARTE 4

MILES DE FUTUROS A NUESTRO ALCANCE

BLOQUEOS Y PATRONES

Algunos de los problemas que nos afectan ahora provienen, sin que nos demos cuenta, de experiencias que bloquearon nuestro sistema, que nos superaron, que no pudimos asimilar. A veces no somos conscientes porque las tratamos de enterrar, de dejar atrás, y las tapamos con frases como «no pasa nada», «no me afecta», «no quiero volver a pensar en esto nunca más»... En otras ocasiones, se trata de experiencias cotidianas, cosas de todos los días, las cuales van creando en nosotros patrones de funcionamiento, formas de regular nuestras emociones, de relacionarnos, que persisten en el tiempo. El trabajo en ambos casos incluye identificar esas experiencias, esos momentos, y ayudar a nuestro cerebro a procesarlos. Sin embargo, **cuando hay patrones rígidos y persistentes, es necesario trabajar en desmontarlos**. No es lo mismo que tengamos problemas para montar en bicicleta porque se ha metido una rama entre los radios de la rueda —solo tendremos que localizar ese obstáculo y eliminarlo— que no poder avanzar porque solo hemos aprendido a pedalear hacia atrás. Aquí, el modo en el que aprendimos ese patrón cobra particular importancia.

Algunos de estos patrones tienen que ver con el modo en el que regulamos nuestras emociones. Sobre esto hay mucho que decir, pero haré un pequeño resumen de los mecanismos fundamentales. Mi anterior libro, *Lo bueno de tener un mal día*, trata con mucha más profundidad esta área de la regulación emocional.

Para empezar a trabajar en el modo en el que regulamos nuestras emociones, el primer paso es entender de dónde partimos. ¿Nos identificamos con alguna de estas frases?

- En general no sé muy bien lo que siento.
- Evito sentir algunas cosas.
- Tiendo a suprimir algunas emociones.
- Algunas de mis emociones suelen desbordarse.
- A veces me vienen emociones que no me parecen mías.
- Me enfado conmigo mismo por sentir ciertas emociones.
- Quisiera sentir más de lo que siento.
- Mis emociones están a flor de piel.
- Tiendo a contagiarme de las emociones de los demás.
- Me siento anestesiado a nivel emocional.
- A veces me avergüenzo de lo que puedo llegar a sentir.
- Siento cosas que no debería sentir.
- Lo que siento puede cambiar de un momento a otro.
- Mis emociones son demasiado intensas.
- Le doy vueltas y vueltas a cómo me siento.
- En general no sé muy bien lo que siento.
- Soy poco emocional, o eso me dicen.
- Trato de controlar mis emociones todo lo que puedo.

Aunque tendemos a pensar que estas cosas son «de nacimiento» o inmodificables porque «somos así», lo cierto es que los patrones de regulación son, en buena parte, fruto del aprendizaje. Nuestra conducta se configura mediante **refuerzos negativos o positivos**, y también ocurre así con nuestras emociones. Si cada vez que nos enfadamos conseguimos lo que nos proponemos, se reforzará el uso de la rabia como modo de control del otro. Si se nos castiga duramente cuando expresamos enfado, aprenderemos a reprimirla (lo cual puede llevar en ocasiones, paradójicamente, a que explote). Ninguna de las dos cosas conducirá, sin embargo, a una buena regulación de esa emoción.

Estos no son los únicos modos en los que aprendemos a regular —mejor o peor— nuestras emociones. El aprendizaje social se produce, según el psicólogo canadiense Albert Bandura, por **observación e imitación** de los modelos que están a nuestro alrededor. Así, el niño que se enfada puede estar reproduciendo las conductas agresivas de un cuidador. Pero si el cuidador responde con un castigo violento a la actitud del niño, este aprenderá que esa conducta que se ha configurado entre sus respuestas ha de ser reprimida. A medida que ese niño crezca, podrá evolucionar hacia la identificación con ese modelo agresivo con el que creció o bien a querer anular esa rabia, que ocultará en su interior porque ya está presente en él.

Si bien desde las terapias de conducta se trabaja con estos procesos de aprendizaje, el EMDR los aborda yendo a su base. Buscaremos recuerdos que representen esos modelos que interiorizamos o esas respuestas positivas o negativas ante nuestros estados emocionales. En el niño del ejemplo anterior, esos recuerdos podrían ser:

1. Ver al cuidador (por ejemplo, el padre) comportándose agresivamente con alguien (en este caso, la madre).

2. Ver la respuesta de ella, atemorizada, ante la agresividad de él.
3. Ver a los cuidadores reaccionando ante la propia manifestación de rabia y enfado del niño: con más rabia por parte del padre, «te vas a enterar»; con más miedo por parte de la madre, «calla, que no te oiga».

Sin ir a situaciones tan extremas, cómo reaccionan nuestros cuidadores emocionalmente y cómo actúan respecto a lo que nosotros sentimos influye muy significativamente a la hora de establecer cómo regularemos nuestras emociones. Es cierto que partimos de un determinado temperamento innato, pero este se irá modelando a partir de **nuestras relaciones más relevantes**, para dar lugar a patrones más o menos estables.

Es interesante que pensemos en esas relaciones significativas y en cómo reaccionaban en el plano emocional. También conviene reflexionar sobre las distintas emociones, porque en algunas familias se toleran mejor o peor unas que otras. El esquema de la página siguiente puede ser una herramienta útil para pensar en estos aspectos respecto a cada una de las personas relevantes (para bien o para mal) de nuestra historia, especialmente las que estuvieron presentes en nuestra infancia o adolescencia.

Belén tenía poca percepción de cómo se sentía. Era una persona tremendamente eficiente, dispuesta, positiva. Se creía capaz de lograr todo lo que se proponía... hasta que sus crisis asmáticas empezaron a empeorar. Durante un tiempo, siguió jugando al tenis como siempre, medicándose cada vez más para atenuarlas. Había decidido que sus problemas físicos no la iban a parar, pero ahora su cuerpo parecía estar ganando la batalla. Tuvo que claudicar y, tras meses de resistirse a ello, aceptó una baja laboral, la primera de su vida. Ahí empezó su ansiedad a desatarse y su ánimo a bajar más y más.

	Esta persona en general		Esta persona respecto a mí	
	Era frecuente verla así	Era raro verla así	Aceptaba que yo estuviera así	No le gustaba verme así
Alegría				
Tristeza				
Rabia				
Miedo				
Vergüenza				
Asco				
Preocupación				

En el fondo de esta historia se encuentra el sistema de regulación emocional de Belén. Desde siempre había suprimido sus emociones. En su casa, sus padres funcionaban también así y no solía hablarse de sentimientos. De hecho, acostumbraban a cambiar de tema cuando Belén y sus hermanos comentaban algo que les preocupaba o molestaba, tratando rápidamente de darles a sus hijos una solución, o ayudándolos a «dejar de pensar en eso». Enseñaron a sus hijos el limitado lenguaje emocional que conocían, y estos lo aprendieron tanto por imitación como por refuerzo.

Para poder trabajar en los recuerdos de estas situaciones aparentemente inocuas —en las que su madre le decía «venga, no te pongas así, no pasa nada» y su padre minimizaba sus preocupaciones con frases como «no son tan importantes porque hay mucha gente que tiene problemas peores»—, Belén tuvo que deshacer el mecanismo que había aprendido desde pequeña. Hubo de aprender a pararse, a notar sensaciones sutiles que normalmente le pasaban desapercibidas. En lugar de decirse «no pasa nada» cuando ocurría algo, o «no es para tanto» para relativizar sus sensaciones frente a distintas situaciones —presentes o pasadas—, fue parándose a observar sus sensaciones internas mientras se decía «lo que yo siento es importante».

Al principio, tuvo que notar su respiración y sus cambios, si era superficial o profunda, lenta o rápida, fluida o dificultosa, mientras pensaba en distintas experiencias. El resto de sensaciones le resultaban muy difíciles de percibir, y notar cómo entraba y salía el aire de sus pulmones era más sencillo. Su mirada hacia dentro no estaba entrenada, acostumbrada como estaba a pasar por encima y tirar para adelante. Aparte de ayudarla a modificar este patrón, muy relacionado con el empeoramiento de su asma (suprimir emociones tiene, entre otros efectos secundarios, la aparición o empeoramiento de patologías físicas), mejorar el contacto con sus sensaciones la ayudó a profundizar mucho más en sus recuerdos. Trabajar los momentos en los que aprendió esa forma de manejar sus emociones (llegar a casa con una preocupación y que sus padres estuvieran a otra cosa, escuchar en su familia frases como «no hay que venirse abajo por nada», momentos en los que pasaron cosas que ahora sí notaba que la afectaban...) desmontó de modo aún más potente sus mecanismos de regulación. En ocasiones, a personas como Belén les cuesta trabajar con determinadas experiencias, precisamente porque les es difícil notar sus emociones y las sensaciones de su cuerpo, detenerse en ellas el tiempo suficiente para que el proceso se complete. Estas habilidades, sin embargo, pueden aprenderse.

Lo mismo ocurre con todas las situaciones en las que la persona regula sus emociones de un modo poco eficiente. Estos sistemas no funcionales han de modificarse lo suficiente como para poder acceder a los recuerdos y trabajar con ellos. Las personas que recurren al control siempre que se activan emocionalmente (o al contrario, que sueltan por completo las riendas), las que evitan sentir o bien giran constantemente alrededor de las sensaciones, centrándose y dejándose dominar excesivamente por ellas, han de adquirir más consciencia de sus emociones y del modo en que se relacionan con ellas. La autoobservación, mirar a nuestro interior, introduce cambios importantes y permite que tengan lugar nuevos modos más saludables de regularnos. Para ello es importante entender dónde se aprendieron, potenciaron y consolidaron esos modos de funcionamiento.

ME RELACIONO, LUEGO EXISTO

Aunque nos creamos autosuficientes y nos digamos «estoy mejor solo», los humanos funcionamos como **seres sociales**. Formar grupos, pese a las dificultades que esto supone, nos da más recursos para protegernos, regularnos y cuidarnos. Esto implica manejar las relaciones con los otros para que puedan ser productivas, y para que funcionemos desde un intercambio mutuo más o menos equilibrado.

Sin embargo, nuestra definición de relación dependerá de cómo han sido nuestras primeras relaciones. Junto a los patrones de autocuidado y de regulación emocional, el modo en el que nos vinculamos tiene mucho que ver con **nuestra capacidad para pedir ayuda y dejarnos ayudar, para entender que el otro puede pensar y sentir de otro modo y empatizar con ello, el equilibrio entre cuidar a otros y cuidarnos nosotros, cómo funcionamos a nivel social**, y muchas otras cosas. De nuevo, entender nuestros vínculos tempranos nos ayuda a ver que estos patrones no están tan relacionados con nuestra forma de ser como con aprendizajes absorbidos del ambiente. Hablamos el «lenguaje relacional» que nos han enseñado.

PARA SABER MÁS

En mi libro *No soy yo*, contaba la historia de cuatro niñas: Susana, Laura, María y Teresa. Ellas representaban, respectivamente, distintos estilos de apego: seguro, preocupado, distanciante y desorganizado. Susana recibió protección y cuidado de su familia, así que aprendió a sentirse segura en las relaciones. Laura creció rodeada de preocupación, de manera que siempre se sentía insegura y preocupada cuando se alejaba de quienes la cuidaban. María se crio sin mucho apoyo emocional, por lo que aprendió a arreglárselas sola y mantenía una actitud distante hacia los demás. Teresa vivió sus primeros años en medio de la contradicción, lo que la llevó a funcionar en las relaciones de modos que ni ella misma entendía.

Para saber qué tipo de apego tiene más que ver con nosotros, pensemos en cómo funcionamos con nuestras personas más cercanas, cómo hemos funcionado con nuestros padres, cómo lo hacemos con las parejas. Entre las frases siguientes, ¿cuál define mejor nuestro modo de vincularnos?

Me siento seguro contigo

Para sentir seguridad en la distancia corta, poder estar tranquilos en brazos de una pareja, compartir nuestra intimidad con un amigo, sentirnos cercanos a nuestros hijos y ver a las personas tal como son, es necesario que hayamos sabido lo que es sentirnos seguros con las personas que nos cuidaban. Para ello, hemos de haber sentido que incluso cuando había problemas, cuando todo parecía ir mal, estaban ahí. Saber que había **alguien a quien acudir**, no haber tenido que defendernos de las personas con las que convivíamos, nos hace sentir seguros.

Si funcionamos desde la seguridad, podremos estar con alguien, pero también podremos distanciarnos y **ser autónomos**. No necesitaremos al otro para que nos cuide, nos calme o nos proteja, aunque no rechazaremos una mano en un mal momento. Al contrario, pediremos ayuda con naturalidad. Esto no quiere decir que no nos protejamos de las personas o las situaciones dañinas. Como nuestra visión será más realista, las identificaremos bien y resolveremos las situaciones difíciles de un modo más productivo. Es importante aclarar que las personas de apego seguro no son perfectas, nada más lejos de la realidad. Como todos nosotros, cometen errores y se equivocan en las relaciones. Simplemente aprenden de ello.

Entender no es juzgar

La inseguridad en las relaciones no viene solo de que las personas que nos cuidaron fueran dañinas, ni mucho menos. Puede deberse, precisamente, a que esas personas, con todo el amor del mundo, no tenían seguridad que transmitirnos porque ellas mismas eran muy inseguras, se sentían atemorizadas ante las cosas o estaban extremadamente preocupadas.

Sin ti no soy nada

Cuando necesitamos al otro «más que a nuestra propia vida», no podemos funcionar si nuestros seres queridos —padres, pareja, hijos...— no están cerca o nos sentimos morir si alguien a quien amamos se aleja, nuestro sistema de vincularnos no es óptimo. Nuestro primer problema será que, como ocurre a menudo en la vida, los demás no siempre están ahí justo cuando los necesitamos, por lo que habrá muchas situaciones en las que nos sentiremos sin recursos propios para afrontar lo que venga. Toleraremos muy mal la soledad y nos costará un mundo hacer cosas por nosotros mismos. Además, nuestras relaciones se volverán demasiado densas. Quizá sean muy intensas, pero **más intensidad no equivale a más amor**, solo a más problemas.

En las historias de las personas que funcionan desde este patrón de apego preocupado suele haber cuidadores llenos de preocupación. Cuando el niño se alejaba o hacía algo, siempre veían potenciales peligros, generándole más inseguridad. Les resultaba difícil ver las verdaderas emociones del niño porque estaban desbordados por las suyas propias. Al crecer, a este niño le costará diferenciar lo que realmente siente él de lo que sienten los demás; y al mirar su historia desde la edad adulta, le costará verla con sus propios ojos, en lugar de contemplarla desde la lectura de otras personas.

En estas situaciones, lo que creemos que son nuestros problemas no lo son. Sentimos que cuando los demás no responden a lo que les pedimos —aunque sea la luna— nos están rechazando o traicionando. Pensamos que la soledad es el problema, pero lo es más bien nuestra falta de tolerancia a sentirla, o incluso nuestra incapacidad para disfrutarla. Podemos poner la solución en que los demás, finalmente, cambien, y perder así un tiempo precioso para modificar nuestro sistema. En realidad, funcionaremos mejor en las relaciones si no vivimos el perder a esas personas como el fin del mundo. Si logramos vernos sin esa persona, nos quedaremos en la relación porque nos hace bien, porque nos hace crecer. Si nos sentimos nadie sin el otro, quizás aguantemos relaciones que no son buenas para nosotros porque la ruptura nos parece inasumible. Todo lo que vayamos avanzando en regularnos y cuidarnos nosotros, todo lo que vayamos haciendo solos sin recurrir a otros, nos ayudará a ir modificando este patrón.

No necesito a nadie

Ser autosuficiente a nivel emocional y en las relaciones es algo bueno. La autosuficiencia extrema, sin embargo, no lo es en absoluto. Si somos solitarios o no nos implicamos mucho, nos privamos de sensaciones gratificantes que solo se generan en las relaciones y forman parte de las necesidades profundas de todo ser humano. Si no sentimos esa necesidad, no es porque no esté, sino porque hemos aprendido a anularla. Este patrón de apego se denomina *distanciante*.

¿Y por qué íbamos a hacer eso? ¿Por qué negar una necesidad fundamental? Bueno, las personas hacemos esto a menudo. Muchas personas niegan el hambre física y llegan a morir por rechazar el alimento. Como el «adelgazamiento emocional» no es tan obvio, quizá nadie se dé cuenta de lo que nos ocurre, ni siquiera nosotros. Puede que funcionemos como si estuviésemos con la gente, pero realmente no llegamos a intimar con nadie. Hacemos como si sintiésemos, pero estamos muy lejos de conectar con nuestras emociones profundas. Vivimos en la superficie.

¿De dónde surgen estos patrones? Muchas veces proceden de crecer con personas que funcionan igual, que no pueden enseñarnos otra cosa. Esos cuidadores nos darán normas, razonamientos, quizás un buen cuidado material, pero no sabrán hablarnos en un registro emocional.

En otras ocasiones, hay escenarios más adversos. Desiertos. Ausencias. Enfermedad. A veces vemos historias de negligencia severa. Independientemente de la aparente normalidad o de lo desestructurada que pueda ser una familia, lo que marca la diferencia es la presencia de **comunicación afectiva**. Si hay al menos un adulto en el entorno del niño que es capaz de verlo tal y como es, verlo en el sentido profundo de la palabra, ese niño tendría un **hilo conductor hacia su interior**. A partir de esa mirada externa se desarrollará una mirada interna, una capacidad para reflexionar sobre su interior, que luego se irá nutriendo de otras miradas y otras relaciones. Sin ese hilo, no hay simiente que pueda germinar y la conexión con uno mismo y con los demás no se desarrolla. No necesitar absolutamente a nadie, al igual que pasaba con el patrón anterior, sentirse nada sin el otro, también pasa factura.

Lo que no sale hacia afuera pesa hacia abajo

Las emociones que no salen a la superficie ejercen una poderosa influencia, como corrientes subterráneas que horadan los cimientos y pueden hacer tambalear el suelo bajo nuestros pies. Para las personas privadas del alimento externo que suponen las relaciones gratificantes, las dificultades de la vida serán complejas de gestionar. Sin esas emociones, los sensores que nos informan de que algo está pasando, la primera señal de alarma puede ser ya un problema físico o síntomas psicológicos que probablemente, debido a su desconexión, resultarán incomprensibles para ellas. Esos patrones se pueden reparar, aunque el proceso requiere su tiempo.

Ni contigo ni sin ti

En algunos casos las personas no se relacionan con los demás según los dos patrones que hemos visto, sino que oscilan entre los dos extremos. Se vinculan con fuerza, solo para salir corriendo cuando la proximidad aumenta. Se debaten entre necesitar y temer al otro, entre buscarlo y defenderse de él. A esto lo llamamos apego desorganizado, y el elemento central aquí es la *contradicción*.

Esto suele deberse a cuidadores contradictorios, cambiantes, y contextos poco estables en cuanto al tipo de relación que predomina. Un niño no está preparado para la contradicción, necesita explicaciones simples, sólidas, que le permitan conocer el mundo y predecir su funcionamiento. Si lo que ocurre fuera es muy variable, tendrá que adaptarse, pero lo hará de un modo caótico. Si tiene una madre que unas veces le hace su desayuno favorito y otras pierde los papeles, el niño no podrá establecer un patrón de relación con ella y tendrá que manejarse con dos diferentes. Si su padre es alguien a quien puede contarle un problema, pero ante los exabruptos de la madre se achica y no lo defiende, el niño no verá en él una verdadera figura de seguridad a la que acudir. Si con palabras se da un mensaje y los hechos muestran otro bien distinto, el niño quedará desorientado acerca de cuál es la respuesta correcta.

Esto da lugar en los adultos que crecen en este tipo de vínculos a un funcionamiento poco integrado, contradictorio o desorganizado. La persona puede hacer cosas y sentir que no están bajo su control, tener un gran conflicto interno con pensamientos y emociones mezclados, que en ocasiones le parecen ajenos. Para resolver las grandes paradojas de la infancia, puede ocultar partes de su vida en cajas fuertes cerradas a cal y canto, quedándose así sin claves para entender sus comportamientos y sensaciones (que provienen, precisamente, de lo que hay dentro de la caja).

La resolución de este patrón pasa por mirar la contradicción no como opciones opuestas entre las que elegir, sino como aspectos importantes que integrar. No hemos de elegir entre conectar o protegernos, entre ser fuertes o ser vulnerables. Nos moveremos mejor en las relaciones desde un equilibrio entre estos extremos que nos permita modos de funcionamiento intermedios.

Cuando todas las piezas encajan

Las relaciones son importantes para todo, y muy especialmente a la hora de embarcarnos en un proceso de **autoconocimiento**. Para ello, necesitamos establecer una relación de colaboración con un terapeuta, que no deja de ser una persona, y poner encima de la mesa una serie de experiencias y sensaciones muy íntimas y privadas. Algo nada fácil si no tenemos previamente un sentimiento de seguridad en las relaciones. No pasa nada, se puede desarrollar, pero es importante ser conscientes de ello y hablarlo.

Para poder acceder a los recuerdos fundamentales hemos de poder **acceder a las emociones** que los acompañan. Si somos demasiado autosuficientes, seremos expertos precisamente en anular nuestras emociones y tendremos menos acceso a nuestros recuerdos. Cuando pensemos en ellos, nos parecerá que no sentimos nada. Lleva tiempo reconectarse, ha de hacerse poco a poco y con paciencia, pero las emociones están ahí, en el fondo, esperando. Simplemente necesitamos trabajar para conectar de nuevo con ellas.

Para poder seleccionar los recuerdos que nos afectan, necesitamos **distinguir nuestras emociones de las de los demás**, nuestros pensamientos de los de los otros. Si todo está mezclado en nuestra mente, no veremos nuestra historia, lo que nos afectó a nosotros, sino que veremos todo por los ojos del otro. Nos costará centrarnos en lo que sentimos y regularnos porque estaremos aún atrapados en buscarlo en los demás. Quizá de entrada pretendamos que el terapeuta «nos calme» o que el médico nos dé una pastilla que «nos quite» el malestar. Para poder empezar a procesar recuerdos de una manera eficaz, hemos de entender que el trabajo es necesario y que disponemos de medios para llevarlo a cabo. Cuando veamos que tenemos recursos para regularlo por nosotros mismos, nos sentiremos mucho más seguros, y eso nos animará a seguir aprendiendo más en esta línea.

Si somos personas que funcionamos con tendencias contradictorias, tendremos que ir abriendo cajones para **poner sobre la mesa los distintos fragmentos** de nuestra experiencia, los distintos aspectos de nuestra personalidad —los aceptados, los negados y los rechazados— y todas las emociones que nos genera nuestra historia, las que nos gustan y las que no. Luego, con el puzle a la vista, encajaremos las piezas para empezar a ver el mapa, para empezar a entender y a aceptar. Desde esta visión global resulta más fácil tomar decisiones, lo que, ya de por sí, produce un cambio extraordinario. Luego, poco a poco, habrá que ir desbloqueando los recuerdos para conseguir un efecto mucho más potente y positivo.

EL PEQUEÑO PROBLEMA DE LA REALIDAD

Mauro era investigador y había conseguido cierto renombre en su campo, aunque no sentía que hubiese alcanzado el nivel que sus logros se merecían. Las personas inteligentes, pensaba, despiertan siempre las envidias de los mediocres, y en su departamento abundaban. Con frecuencia se sentía crispado por la ineptitud de los que gestionaban su organización y, en general, por los gobernantes que no se tomaban en serio la importancia de su área de estudio. Defendía estas ideas de modo contundente, tanto en las reuniones de departamento como en las cenas de amigos o en los foros de Twitter. Había determinadas cuestiones políticas que lo crispaban especialmente, y ahí se volvía beligerante al máximo. Solía enzarzarse con fuerza en las discusiones y no se daba por vencido hasta que sus argumentos se imponían.

Su relación con su mujer, Alicia, era complicada. Habían estado a punto de separarse muchas veces, pero siempre acababan volviendo. No habían tenido hijos. Alicia se había quedado embarazada a los pocos años de casados, pero perdió al niño. Tras aquello, pasó por una profunda depresión y, aunque se recuperó, no quiso volver a pensar en un nuevo embarazo. Mauro no tenía tampoco claro que quisiera ser padre, así que lo dejó correr. Se sentía atado a Alicia por su fragilidad y sus problemas, aunque lo vivía como un lastre muy pesado. Durante su matrimonio, Mauro había tenido frecuentes aventuras, pero nunca se había sentido demasiado vinculado a ninguna de esas mujeres y se acababa cansando. Sin embargo, últimamente se veía más enganchado a una relación, a la vez que los conflictos con su mujer aumentaban.

La razón de Mauro para buscar un psicoterapeuta fue curiosa. Leyendo algo sobre EMDR, pensó que esta terapia podía ayudarle a conseguir algo que le estaba costando: dejar de pensar en la persona con la que era infiel a su mujer.

Por supuesto, el EMDR no cambia las emociones que sentimos, aunque es cierto que determinadas obsesiones obedecen a motivos de fondo y a otros temas que se conectan con ellos. Mauro estuvo dispuesto a hablar de sus relaciones, pero tendía a ver siempre el problema en lo que los demás hacían. Su contribución a las dificultades en las relaciones, su malestar, sus limitaciones era algo que ni se planteaba.

Poco a poco, me contó cómo fueron sus primeros vínculos. Su padre había sido un prestigioso empresario local, bastante adinerado, y habían tenido una vida con comodidades. Su madre, decía, era la mejor de las madres y siempre se había ocupado de él y de su hermana. Sin embargo, la había visto disgustada más de una vez. En varias ocasiones, Mauro había contestado por teléfono a mujeres que preguntaban por su padre. Una vez, cuando tenía nueve años, se enfrentó a una de ellas y le gritó que no llamara más. Cuando Mauro tenía once años, su padre se fue y empezó a vivir con otra mujer. Tuvo otros hijos, formó otra familia, y se desentendió de Mauro y de su hermana. Su madre entró en una profunda depresión y su hermana empezó a dar problemas. La mujer se apoyó en él, le contaba sus angustias y las preocupaciones que le generaba la conducta de su hija. Mauro se hizo cargo de todo. Su madre no hacía más que alabar su responsabilidad, lo listo y capaz que era al compatibilizar sus estudios con un trabajo a tiempo parcial, y prevenía a su hijo frente a la envidia de la gente que a él, le decía, no le llegaba a la suela del zapato.

Esta fue la identidad que Mauro desarrolló, la que veía en el espejo de la cara de su madre, la que fue reconocida y aceptada: alguien sin debilidades, sin fallos, sin necesidades y deseos propios. Esta fue, por tanto, la imagen de sí mismo que defendió frente a los hechos que amenazaban con cuestionarla. La defendió negando sus fallos —aunque, como todo el mundo, los tenía— y centrándose en las equivocaciones ajenas. Esto no solo era un reflejo de la mirada de su madre, sino un modo muy eficaz de no mirar en su interior, donde residía un dolor que había aprendido a ignorar. Teniendo que convertirse en amigo y confidente de su madre, en cuidador de esta y de su hermana desde demasiado pronto, Mauro había crecido como un niño al que colocaron en una posición de adulto, y para ello tuvo que negar sus necesidades.

Viendo a su madre tan hundida, Mauro tuvo además que anular su propio dolor por la pérdida de su padre. Que este desapareciera de aquel modo hizo crecer en su interior una creencia nuclear de «no importo», que trató de compensar haciéndose imprescindible para su madre y, luego, visible en su profesión, con sus conocidos, en las redes sociales. Con su mujer repitió el patrón de cuidador que tuvo con su madre, mientras sus necesidades de auténtica vinculación, de afecto, de ser él a quien otro cuidara, quedaban de nuevo ahogadas. Esas necesidades, sin embargo, se filtraron por las rendijas y buscaron su camino para ser cubiertas a través de conductas que sentía que se salían de su control y de su conciencia. Las relaciones extramatrimoniales de Mauro, sus descontroles puntuales con la bebida cuando salía, sus pequeñas pérdidas de control con el peso que «solucionaba» con estancias de desintoxicación en clínicas exclusivas eran vías a través de las cuales su sistema —sabiamente, aunque a su pesar— buscaba lo que necesitaba. En esas conductas Mauro no se sentía del todo él mismo, «no sé por qué hago estas cosas», y se arrepentía después. Pero el impulso que trataba de ignorar y aplacar seguía activo.

> Los niños tapan la luna con el dedo y creen que así deja de estar en el cielo. Cuando somos adultos, mantenemos a veces este pensamiento mágico y nos decimos que un problema no nos importa, o directamente, que no existe, pensando así lo quitamos del medio. Trabajar nuestra historia es complejo si no la miramos de frente, y los seres humanos tenemos mil maneras de evitarlo. Metemos recuerdos en cajones recónditos, nos dibujamos una imagen distorsionada de nosotros mismos, armamos miles de caparazones a nuestro alrededor... Para poder curar las heridas profundas, necesitamos dejarlas a la vista y conectar con ellas; pero, a menudo, hemos organizado toda nuestra estructura psicológica para intentar evitar esa conexión.

Solo fue posible resolver aquel puzle complejo cuando Mauro, con tiempo y no sin mucha dificultad, pudo empezar a bajar corazas, a sacarse capas y a mirar su realidad presente y pasada. Aunque no era consciente, hacerlo le daba pánico porque, siendo niño, cuando era más vulnerable, de una de las personas más importantes de su vida, una de las que se supone que debían quererlo más que a nada y cuidarlo, había venido el peor de los daños: ser ignorado. En lo profundo de todos sus intentos de sentirse importante, tanto en su profesión como respecto a las mujeres de su vida, estaban las redes de memoria de su infancia, sus sentimientos de «no valgo la pena», «no merezco que me quieran», «no importo», «no existo». Mauro solo se sintió reconocido siendo especial e imprescindible, siendo superior y ocupándose de resolver. Conectar con los sentimientos negados del niño —el peor de ellos es el abandono— fue lo más duro y lo más revelador de toda su vida, y generó un cambio extraordinario.

El trabajo con Mauro llevó tiempo y no me lo puso nada fácil. Solo sabía relacionarse desde la competición y la dominación, y descalificó repetidamente mis conocimientos y mi capacidad para tratarlo, pese a haberme elegido, tras haber estudiado a fondo mi currículum, porque era la persona más experimentada de la zona donde él vivía. Yo entendía cómo funcionaba Mauro, así que no entraba en estos debates y traté de mostrarle cómo estaba repitiendo en terapia sus patrones de control y dominación, sin juzgarlo. Unas veces, esto lo dejaba descolocado porque los demás solían entrar de uno u otro modo en sus desafíos; otras, trataba de recuperar el control mostrándose seductor y recurriendo a su papel de cuidador. Cada vez que ocurría, me mantenía en la línea de observar con curiosidad el estilo de vinculación de Mauro y ayudarle a que él mismo lo viera. Trabajamos para que comprendiera las consecuencias de su conducta en los demás, lo que acabó de romperle sus esquemas. Entonces empezó a tener miedo, un enorme miedo al rechazo y el abandono. Pero pese a sus tentaciones de salir corriendo por si acaso yo le decía «no quiero tratarte más», Mauro tuvo el **valor** de quedarse. Pudo entender la conexión entre estas sensaciones y aquel dolor antiguo que dejó en él la marcha de su padre, pudo empezar a **ver con perspectiva** sus experiencias y sus relaciones.

Durante todo este tiempo, el procesamiento de recuerdos fue muy limitado. Al introducir la estimulación bilateral, Mauro conectaba enseguida con sentimientos que se le hacían antipáticos y se ponía evasivo, se enfadaba, me decía que «esa cosa de los ojos a él no le funcionaba» o que la terapia era una tontería. Pese a ello, introdujimos poco a poco algunos procedimientos para bajar el nivel de malestar ante algunas situaciones cotidianas, o para que Mauro reforzase sensaciones positivas que no tuvieran que ver con la superioridad, la dominación o el control del otro. Cuando estuvo preparado para entrar en los recuerdos difíciles, empezamos a procesar las situaciones de su hermana (eran recuerdos emocionalmente más fáciles para él), el peso de tener que hacerse cargo de la familia y, finalmente, la marcha de su padre y todo el dolor que eso le había generado. Aunque lo habíamos hablado repetidamente en los meses previos, se sintió impresionado por las emociones con las que conectó el día que trabajó en aquel recuerdo y por el alivio que sintió cuando estas se deshicieron.

Desde esa conexión profunda consigo mismo —ahora ya sin dolor—, Mauro pudo entender muchas cosas. Y no solo sobre él mismo, sino también sobre las personas con las que se relacionaba. Sin curar de verdad nuestras heridas emocionales, no podemos saber quiénes somos ni tampoco cómo se sienten los demás. Esa herida, tras procesar el recuerdo, era una cicatriz que dibujaba la historia de cómo Mauro había llegado hasta el momento presente. Esa cicatriz era la respuesta a las muchas veces que se había preguntado «por qué». Como la herida se había destapado, curado y, gracias a ello, cicatrizado, dejó de condicionar su vida.

Podemos imaginar miles de futuros posibles para Mauro, libre de condicionamientos de épocas pasadas, **conectado ahora con sus verdaderas necesidades**. Las relaciones con los demás se hicieron más genuinas y satisfactorias y tuvo la posibilidad de vivir una vida realmente gratificante. Se sentía bien consigo mismo y con los otros, sin necesidad de ganar o de dominar. Ya no hacía falta el control porque ahora tenía algo mucho mejor: **verdadera seguridad.**

QUÉ PASA SI NO RECORDAMOS QUE NO RECORDAMOS

Puede ocurrir que nuestro problema con la realidad no sea tanto que la rebocemos, la minimicemos o la neguemos, sino que, directamente, no la recordamos. El bloqueo de algunas experiencias puede ser tan marcado que no tenemos acceso a ellas. En ocasiones, de algún modo intuimos que determinadas cosas pasaron, pero nuestros recuerdos nos resultan difíciles de recuperar, como si estuviesen detrás de una densa niebla o tuviésemos que hacer un esfuerzo desproporcionado para evocarlos. Quizá durante alguna época, determinadas etapas de la vida parecen formar parte de «archivos perdidos», unos recuerdos que pueden emerger en momentos posteriores a raíz de circunstancias que los arrastran a la superficie. De hecho, puede incluso que no tengamos ninguna noción de que esas cosas ocurrieron.

La existencia de estos **recuerdos sumergidos** implica que nuestro cerebro fue incapaz de procesar, ni siquiera mínimamente, la información que contienen. Estos recuerdos no procesados estaban accesibles, aunque almacenados de un modo incompleto y fuera del archivo de la experiencia aprovechable. En el caso de las memorias que no se recuerdan, el bloqueo es algo mayor. Las experiencias que representan fueron más abrumadoras aún, quizá por el tipo o intensidad de las emociones o sensaciones que llevaron consigo, o porque la información que contenían era absolutamente incompatible con el resto de la que había sido registrada antes.

Para entender cómo se producen estos mecanismos, conviene entender qué pasos siguen los recuerdos para ser asimilados en nuestro sistema nervioso.

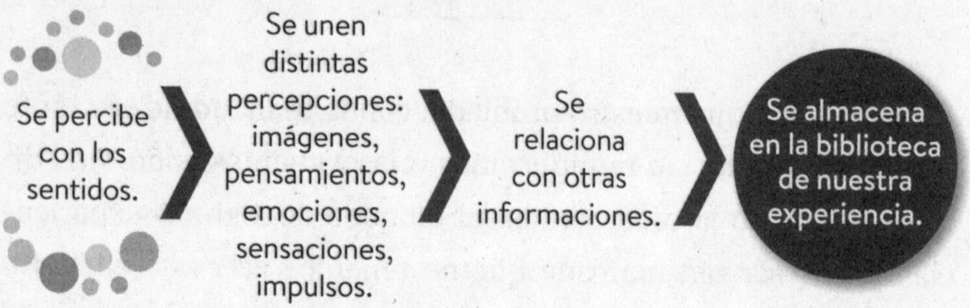

Cuando las circunstancias son abrumadoras, la posibilidad del cerebro para procesar la experiencia es casi nula. **Un recuerdo traumático queda mal almacenado**, se queda a medio camino sin llegar al estante que le corresponde en nuestra biblioteca de memorias. Cuando ese recuerdo se disocia, escapa por completo del cauce de procesamiento, como si hubiese una sobrecarga y saltaran los plomos. Dependiendo de en qué etapa del procesamiento de información se produzca esta sobrecarga, la persona notará uno u otro tipo de síntomas. En ciertos casos, **las propias**

percepciones se distorsionan nada más entrar. Algunos recuerdos son de tal intensidad que vemos las imágenes distorsionadas, oímos los sonidos lejanos, dejamos de sentir, lo percibimos todo lejano, como desde fuera.

Estos fenómenos de **despersonalización y desrealización** suponen un problema específico en las primeras etapas de asimilación de una experiencia traumática. Cuando más adelante intentemos ir a esos recuerdos para procesarlos de manera adecuada, surgirán probablemente esas mismas sensaciones. Quizás esos recuerdos parezcan incompletos, como si nos faltaran piezas; o puede sernos difícil acceder a ellos, como si tuviésemos que nadar en un líquido espeso para alcanzarlos. Estas situaciones pueden resolverse, pero es necesario hacer algo más que pensar en la situación para conseguir evocar el recuerdo completo.

Más adelante, **distintas percepciones se unen para formar recuerdos fragmentarios, incompletos**, que llamamos *memorias episódicas*. Formamos la escena con las imágenes, los sonidos, los pensamientos que cruzaron por nuestra cabeza, las distintas emociones, las sensaciones del cuerpo, los impulsos de hacer algo... Todos estos fragmentos componen el recuerdo, pero, por diversos motivos, a veces no están juntos.

Puede que consigamos recordar qué pasó cuando nos quemamos, pero hemos apartado el dolor físico porque fue tan insoportable que nuestro cerebro lo bloqueó de modo particular. Quizá podamos sentir la rabia, pero no la tristeza que hay debajo, ni la vergüenza que está oculta más abajo aún. A lo mejor tenemos acceso a algunos pensamientos, pero no a los más inconfesables, que se escondieron dentro de la vergüenza que nos generaron. Podemos notar el malestar, pero no el impulso de nuestro cuerpo a reaccionar. En estas situaciones nos parece recordar, pero el recuerdo está incompleto. Las emociones que rodearon esa vivencia le dieron la señal al cerebro de que había que guardar un registro de lo que había pasado, porque era importante, y a la vez enviaron otra señal incompatible de que una parte de esa vivencia resultaba inasumible. Ante esta contradicción, **el cerebro procesa una parte y bloquea la otra**. Hay que contar con ello cuando accedemos a determinados recuerdos.

Si seguimos el proceso representado más arriba, cuando ya tenemos un recuerdo con sus distintas partes, **hemos de conectar esa experiencia con otras**. A través de estas asociaciones nuestro sistema nervioso etiqueta un suceso como relevante, y también a través de ellas sabrá cómo y dónde almacenarlo (en qué sección y estantería de la biblioteca le corresponde estar).

Pero ¿qué pasa si esas informaciones son incompatibles con otras que almacenamos? Por ejemplo, si tenemos que procesar el recuerdo de una persona que nos cuida y, al mismo tiempo, otro en el que esa misma persona nos humilla. El cerebro tendería a poner ambas informaciones juntas y a desmenuzar esos recuerdos para ver todos sus ingredientes y conectar cada uno con otras experiencias previas. Sin embargo, al intentar hacerlo se provoca algo similar a un cortocircuito. Nuestro sistema nervioso nos ayuda a entender el mundo buscando patrones y coherencias entre unos elementos y otros. No llevamos demasiado bien la incoherencia, sobre todo en cosas muy significativas. Esto es aún más cierto durante la infancia, cuando nos estamos asomando a un mundo complejo y necesitamos empezar a ver algunas cosas claras, a comprender ciertos conceptos que tienen sentido. Por eso los niños leen cuentos con buenos y malos, historias más simples con personajes más sencillos. Los adultos estamos más preparados para entender la complejidad del mundo, pero solo si hemos crecido en un mundo medianamente predecible y consistente.

¿Qué hace nuestro cerebro ante una incoherencia inasumible, que no puede aceptar? Una opción es separar las informaciones en compartimentos, dentro de los cuales se mantienen elementos coherentes entre sí. Estos recuerdos no están almacenados del todo, están mal archivados en almacenes temporales, pero, mientras no se mezclen los expedientes, podremos ir tirando. Volviendo al ejemplo anterior, se formaría uno de estos almacenes temporales para todo lo relacionado con ser cuidado (o lo más parecido a esto), mientras que otro almacén recibiría todo lo que tiene que ver con las humillaciones. Cuando se vivan nuevas experiencias que contengan esos mismos ingredientes, se almacenarán en función del tipo: cuidado a un lado, humillación al otro. Pueden ser experiencias distintas, con otras personas, pertenecientes a otras etapas, pero que implican esa misma gama de emociones, sensaciones y pensamientos.

Esta situación adquiere mucha importancia en algunos casos, hasta el punto de que en cada uno de esos compartimentos pueden desarrollarse procesos mentales complejos. Por decirlo así, dentro de cada uno se desarrolla cierta capacidad de pensar, de sentir, de actuar. Y esto puede llegar a dar lugar a síntomas. Por ejemplo, cuando la persona está en conexión con el comparti-

Todas las piezas del puzle tienen sentido

Todo esto es una prueba de lo maravillosamente complejo que es nuestro cerebro, de cómo pone en marcha todos sus recursos y la sabiduría acumulada de la especie humana para ayudarnos a gestionar lo que nos pasa. Pero, a veces, lo que nos pasa se encuentra mucho más allá de lo que nuestra mente puede manejar y esta recurre a sistemas de emergencia. Más tarde, en algún momento, cuando las situaciones queden atrás, tendremos que pararnos. Hay que entender todo esto, poner los distintos archivos sobre la mesa y dar toda la ayuda necesaria a nuestro sistema nervioso para que pueda procesar eficazmente estos recuerdos. Después, habrá que clasificar estas memorias y —para poder colocarlas en la biblioteca— entender que la historia puede ser analizada desde distintos puntos de vista. Cada uno de esos archivos, que vivimos como incompatibles, contiene una perspectiva diferente.

mento donde se guarda el cuidado, su percepción de determinadas personas es buena. Pero cuando entra en conexión con el lado de la humillación, puede reaccionar negativamente con ellas. Como estos almacenes temporales no funcionan igual que la biblioteca de memorias, y suelen estar cerrados a cal y canto, tendremos poca conciencia de nuestras reacciones. A veces, desde un lado podremos percibir cosas que vienen del otro, pero no veremos qué sentido tienen. Cuando estemos conectados con el lado del cuidado nos podrán venir pensamientos, emociones, sensaciones o voces que nos parecen nuestras, pero que sentimos como ajenas porque se filtran desde el otro cajón, el que tratamos de mantener cerrado.

Me gustaría insistir en que estos tratamientos han de ser aplicados de modo responsable y solo por profesionales con una amplia formación en trauma y en procedimientos específicos para estas situaciones. Lo que estoy comentando tiene que ver con historias complejas y mecanismos que el terapeuta ha de conocer para articular la terapia de un modo seguro para el paciente. Ayudo sobre todo a personas con este tipo de problemas y sé lo útil que puede ser para ellas el trabajo con EMDR, pero también la gran cantidad de matices que ha de tener la terapia. En un sistema lleno de compartimentos y bloqueos, potenciar el procesamiento de información sin contar con un buen mapa de la situación, y sin apuntalar antes muy bien los cimientos, es realmente arriesgado. De hecho, sería como adentrarse en los pasillos de un edificio desconocido que se sostiene en un equilibrio precario y comenzar a golpear las paredes y columnas con un mazo.

Si nos sentimos reconocidos en este capítulo, si nos vemos con lagunas y con dificultades para conectar, si sentimos que faltan piezas en nuestra historia o hay aspectos de nosotros mismos que nos cuesta ver y aceptar, es importante que sepamos que esto puede resolverse. No se hará desde la pelea con nosotros mismos, sino aprendiendo a aceptar los mecanismos que nuestra mente ha puesto en marcha para ayudarnos y encontrar lo que hay de bueno en los aspectos sobre nosotros que ahora rechazamos. Para ello, más que una técnica o un ejercicio, necesitamos unas gafas. En la graduación de estas gafas hemos de ajustar bien tres ejes:

- **Comprensión**: Hemos de mirarnos con buenos ojos, tener dificultades no es un delito ni un defecto, no nos torturemos por ello.
- **Curiosidad**: Pongamos el puzle encima de la mesa, miremos las piezas para ver dónde encajan, vayamos descubriendo qué paisaje dibujan.
- **Paciencia**: Cuanta más paciencia tengamos con nosotros mismos, más rápido avanzaremos.

PARTE 5

CAMBIAR NUESTRO PRESENTE Y NUESTRA VIDA

QUÉ SIGNIFICA SER LIBRES

Nuestros lastres, nuestros nudos, nuestros patrones no saludables nos impiden desarrollarnos y evolucionar. Seguimos funcionando de acuerdo con lo que vivimos en el pasado, pensemos en ello o no. Soltar esos lazos que nos mantienen ligados a nuestra historia no significa negarla, muy al contrario. Cuanta mayor conciencia tengamos sobre de dónde venimos, más podremos saber quiénes somos y decidir libremente a dónde queremos ir. **Ignorar nuestra historia personal y familiar nos condena a repetirla.** Aunque muchos creen que la terapia EMDR consiste en volver sobre el pasado, realmente está orientada al presente y al futuro. El tema es que no resulta tan fácil modificar el presente si no cortamos las ataduras, a veces invisibles, que nos mantienen unidos a nuestras experiencias anteriores.

¿Nos hace bien ser como somos?

La tarea más compleja al trabajar desde este tipo de terapia es encontrar cuáles son esos recuerdos antiguos que están en la base de cómo nos definimos a nosotros mismos, del modo en el que gestionamos nuestro mundo emocional, de cómo nos cuidamos y cómo establecemos relaciones con los demás. Podemos pensar que tenemos unas opiniones o actuamos de una determinada manera porque «somos así». Quizá damos demasiado valor a nuestras creencias sobre el mundo, a nuestros valores. Por ello, es importante que nos hagamos las mismas preguntas:

- ¿De dónde vienen mis valores?
- ¿Dónde los aprendí?
- ¿Por qué soy de este modo y no de otro?

Pero, sin embargo, hay otras preguntas aún más importantes que debemos respondernos:

- ¿Me hace bien mi forma de ser?
- ¿Mis creencias me llevan a tener una vida más satisfactoria?
- ¿Mi forma de funcionar me ayuda a entender a los demás y a relacionarme con ellos?

Pensemos en algunos ejemplos. Quizás estamos orgullosos de ser personas generosas, volcadas en el cuidado de los demás. Esto realmente es algo bueno, pero ¿nos hace bien?, ¿nos olvidamos a veces demasiado de nosotros mismos? No se trata de si nos agrada hacer cosas por los demás, puede que así sea, pero ¿nos sentimos con frecuencia agotados?, ¿tenemos síntomas que puedan reflejar mental o físicamente ese cansancio?

Imaginemos un posible origen de este patrón. Como he comentado, en algunas familias los niños acaban siendo cuidadores de los adultos con los que viven o de sus hermanos. En lugar

de preocuparse de su ombligo y de lo que les apetece —lo cual es sanísimo en la infancia— han de estar pensando en no molestar a unos adultos muy agobiados o en ocuparse de hermanos menores a los que estos no atienden emocionalmente en lo que necesitan. Es bueno que un niño vaya adquiriendo responsabilidades y que se preocupe por los demás, pero es muy importante que esto sea proporcional a su nivel de desarrollo. Durante un tiempo **hemos de ser cuidados para luego saber cuidarnos y**, cuando nos toque más adelante en la vida, **ser buenos cuidadores**. Desarrollar este papel prematuramente hace que nos convirtamos en hipercuidadores. No sabremos relacionarnos de otro modo, así que nos costará mucho velar por nosotros mismos y atender nuestras propias necesidades, o dejarnos cuidar cuando corresponda. Un hipercuidador puede ser, por ejemplo, un pésimo paciente cuando enferma. Dejar de hacer este papel de ser uno el que cuida y pasar a ser el que necesita atenciones puede dar vértigo. Sin nuestra forma habitual de funcionar, que nos otorgaba cierto control, nos sentiremos probablemente sin referencias. Dejar de cuidar nos hará sentir egoístas. Esto puede parecer malo, pero es bueno. Hará que estemos **más equilibrados internamente**, algo que será bueno para nosotros y también para los demás. Ningún coche puede llegar a su destino si nos dedicamos a regalar la gasolina.

Otro ejemplo puede ser el «luchador contra las injusticias». Estas no son aceptables y, obviamente, dejarlas pasar no es una buena costumbre. Pero luchar constantemente contra las injusticias nos obliga a estar crispados siempre, porque injusticias podemos encontrarlas de la mañana a la noche, no tenemos más que mirar alrededor o ver las noticias. El que «no soporta» la injusticia se sentirá muy infeliz y, curiosamente, tampoco estará entre los que lograrán cambiar el mundo. Las personas que consiguen mejorar las cosas y sentirse bien son aquellas que escogen en qué batallas tienen opción de pelear con unos mínimos boletos de salir airosas. Disparar contra todo lo que se mueve no solo nos lleva al desgaste y al sufrimiento, sino que también nos hace ser muy poco efectivos.

Los «luchadores contra las injusticias» parten de la base de que no hay otro modo bueno de ser, pero, a menudo, remontarse en su historia vital les ayuda a tener perspectiva. Quizás han vivido, en momentos muy sensibles, situaciones injustas que no han podido elaborar, que no han cicatrizado, y siguen siendo heridas abiertas que los hacen hipersensibles a cualquier roce. Saltan ante cualquier cosa que les recuerde aquello que vivieron, con reacciones a veces desproporcionadas y sin elegir sus objetivos. Trabajar esos recuerdos antiguos, y **rebajar su nivel de indignación hacia el mundo,** no convertirá a estas personas en conformistas, pero sí las hará más realistas y, por tanto, más efectivas.

> No seremos libres si no somos flexibles, si no nos permitimos evolucionar. Es importante que no nos aferremos a nuestras creencias, nuestros modos de funcionar o nuestros patrones en las relaciones con los demás. Iremos pasando por distintas etapas, y hemos de evolucionar para adaptarnos a ellas. Adaptarnos no es mimetizarnos con el ambiente y hacer lo que hacen todos, pero tampoco es muy operativo ir siempre a la contra. Hemos de lidiar con lo que la vida nos vaya poniendo delante, y movernos por el mundo de un modo que sea bueno para nosotros y para la gente que nos importa. Hacer esto implica cambios. Si nuestros hilos con los temas no resueltos de nuestra historia no se han desprendido, seguiremos funcionando en el aquí y ahora con lo que se activó en el allí y entonces. Incluso aunque en el pasado hubiera sido beneficioso, cada momento requiere sus propias respuestas.

¿Por qué nos afecta lo que nos afecta?

Es importante que veamos qué cosas se activan en el presente, así como cuáles son los elementos que las disparan. Estos disparadores pueden pasarnos inadvertidos, pueden ser cosas aparentemente sin importancia. Si nos sentimos mal o tenemos reacciones que no nos convencen o no nos llevan a un buen resultado, un elemento que nos puede ayudar es entender qué pasó en los momentos anteriores a que nuestro malestar se disparase. No hace falta que haya habido un problema enorme, simplemente parémonos a pensar cómo fue el momento anterior, qué temas ocupaban nuestros pensamientos, con quién estábamos... Quizá leímos un libro o vimos una película que nos generó una sensación determinada, hablamos con una persona —o esperábamos que nos llamara y no lo hizo—, soñamos con algo... En eso que ocurrió antes encontraremos claves para buscar hacia atrás momentos parecidos, o situaciones completamente distintas con sensaciones similares. Hemos de buscar esos **hilos de conexión**. El hecho de **tomar conciencia** de ellos ya les quita fuerza, nos hace **diferenciar** lo que hacemos ahora y lo que tuvimos que hacer entonces. Así podremos funcionar de modo más ajustado al momento presente y a quienes somos en esta etapa.

Darnos cuenta ayuda, pero no siempre es suficiente. Quizás entendemos que nuestra reacción es desproporcionada, pero sen-

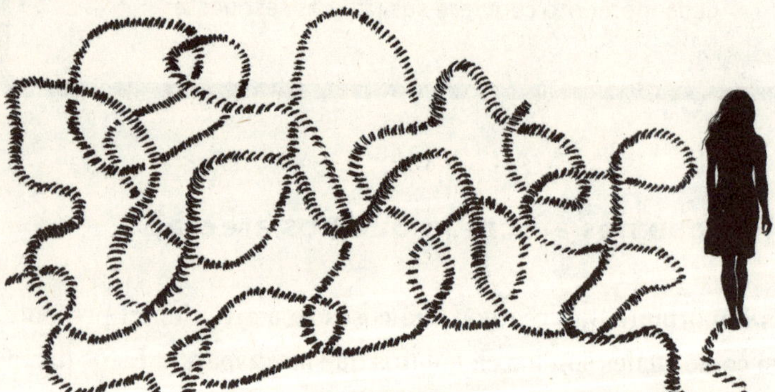

timos que no podemos evitarla, como mucho, contenerla. En esos casos, la fuerza de esas viejas experiencias sigue siendo grande, la conexión resulta todavía demasiado intensa. Un modo muy potente de **deshacer esas conexiones** es procesar con EMDR los recuerdos que se conectan.

Es difícil disfrutar el paseo si nos pesa demasiado la mochila

Procesar esos recuerdos por completo, **deshacer el nudo** hasta que no quede ni un residuo de emociones o sensaciones, hasta que ya no nos devuelvan nada negativo sobre nosotros, puede cambiar por completo nuestra sensación actual. Entonces, en el presente, **nuestras decisiones serán más libres**. Tomaremos nota de la experiencia previa, pero ya estará integrada, no bloqueada. Habrá dejado de ser un condicionante para convertirse en un **aprendizaje**. Entonces esas malas experiencias nos ayudarán. Seremos viajeros experimentados, pero no nos guiaremos por viejos mapas en nuevos territorios. Por ejemplo, si estamos pasando por una mala racha y, tiempo atrás, tuvimos una etapa horrible que no está procesada, ahora esta va a jugar en nuestra contra: nos sentiremos con el agobio del presente multiplicado por el que todavía se asocia a la etapa del pasado. En cambio, si el recuerdo antiguo está procesado, miraremos aquella época y nos diremos: «De todo se sale; si salí de aquello, podré con esto». **Aquella experiencia nos dará sabiduría para el momento presente.**

También **cambiará nuestra visión del futuro**. Muchas veces, los recuerdos antiguos no procesados tiñen el mañana del mismo color que todavía los define. Si hemos vivido experiencias de caos, miraremos al futuro temiendo todo aquello que escape a nuestro control. Si hemos sufrido experiencias dolorosas, anticiparemos todos los momentos que podrían acarrearnos más dolor y salir a la vida nos dará miedo. Podríamos condicionar nuestras elecciones, nuestros planes, manteniéndonos en modo «prevención de riesgos» para intentar protegernos, pero perderíamos todas las oportunidades que requieren exploración y confianza en nuestros recursos.

Mirar de frente nuestra historia y nuestros patrones de funcionamiento, trabajar en las partes que nos atascan y nos limitan **nos hará libres**. Mirar atrás nos permitirá **mirar adelante** sin ver el futuro como una simple reedición constante de lo que ya nos ha pasado. Los bloqueos hacen que nos encontremos siempre con los mismos problemas, con las mismas dificultades, y que tengamos la sensación de que todo se repite y siempre lo hará. Si nuestra historia está resuelta, asimilada e integrada, quizá se presenten situaciones similares, pero nosotros, entonces, ya no seremos los mismos. Y cuando esas situaciones vuelvan (la vida se pone puñetera a veces), **seremos cada vez más sabios, tendremos más recursos.**

PEQUEÑOS CEREBROS, GRANDES POSIBILIDADES

¿Se puede utilizar la terapia EMDR con niños? La respuesta es sí. Trabajar con niños es muy fácil... y muy difícil. Me explico.

Los cerebros de los niños se encuentran en pleno desarrollo, están creciendo, estableciendo conexiones entre unas funciones y otras, son enormemente flexibles. Por ello el cambio es más fácil, más rápido. Cuando hablaba del trabajo con EMDR sobre las pesadillas, ponía el ejemplo de una niña que, con un tema bien duro, hizo un trabajo increíble en apenas diez minutos. El proceso en un adulto es más lento y complejo, no solo porque su mente ya no evoluciona a la velocidad de la de los niños, sino porque muchos de sus mecanismos se han enquistado. Nuestra identidad está ya más formada y nos aferramos a ella, hasta el punto de que nos encariñamos con lo que nos hace mal, aunque paguemos caras las consecuencias. Un niño todavía no ha definido quién es, **su personalidad está en plena construcción**.

Por supuesto, trabajar con los niños requiere **traducir los procedimientos a su lenguaje**, simplificarlos, adaptarlos. Con los niños más pequeños trabajamos a partir del dibujo, del juego o de cualquier herramienta que nos permita llegar a ellos y les facilite la comunicación. Algunos, cuando son algo más mayores, pueden trabajar visualizando la situación.

Jorge, con el que trabajé unas pocas sesiones cuando tenía siete años, sufría un miedo desproporcionado a los insectos. Primero, recordó muchas cosas que al principio le daban miedo y que había conseguido dominar, como montar en bici o en patinete. Le enseñé a hacer el «abrazo de la mariposa», en el que la propia persona coloca ambas manos cruzadas sobre el pecho y va haciendo *tapping* sucesivamente en uno y otro lado. Con esta técnica reforzamos la sensación de «puedo hacerlo» que Jorge tuvo cuando consiguió llevar a cabo esas cosas. En este procedimiento de *instalación de recursos* se profundiza en sensaciones positivas que tiene la persona.

A continuación, le propuse a Jorge que pensara en los bichos que le daban miedo mientras se hacía el abrazo de la mariposa, que ya habíamos practicado con los recuerdos positivos. Al principio notaba miedo en la barriga, me dijo, pero a medida que hacía el *tapping* esta sensación se fue deshaciendo. Además, empezó a hacer el *tapping* como dándose manotazos en distintos sitios. Parecía que estuviera espantando los bichos, mientras decía muy contento: «Soy el rey de los bichos». Sus miedos desaparecieron y Jorge, que por lo demás no tenía mayores problemas emocionales, volvió a funcionar con normalidad y a sentirse mejor.

¿Por qué digo entonces que trabajar con niños es difícil? La razón es que, a menudo, los casos que nos llegan son mucho más complejos. Voy a hablar de dos situaciones particulares.

El papel de la familia y la escuela

En ocasiones, **los niños expresan el malestar que habita en el grupo familiar**. Hay familias que arrastran un gran peso, que viene incluso de anteriores generaciones. En algunas familias hay historias de vínculos espesos o inexistentes, de dolor, de contradicciones, de secretos. Quizá los padres de los niños que vienen a consulta intentan realmente hacer algo diferente con sus hijos. Otras veces, sin embargo, ni siquiera tienen conciencia de la influencia de sus raíces. Pero si un adulto lleva una mochila muy pesada, tendrá que dedicar toda su energía a seguir funcionando y no podrá disfrutar de los momentos con su hijo.

La importancia de cuidarnos para cuidar

Sin unos cuidadores que puedan ver al niño, entender su malestar, cuidar de él, regularlo, lo que un terapeuta puede hacer está muy limitado. Sin embargo, en algunos casos, esos cuidadores son reacios a tocar sus propios temas y se centran en solucionar los problemas que ven en el niño. Así que nos vemos ante una paradoja compleja.

No, no voy a hablar de lo mal que lo hacen algunos padres. He criado a dos hijos y soy bien consciente de la distancia que hay entre los libros y la realidad del día a día con niños que son todos ellos diferentes, especiales, que afrontan sus particulares dificultades y lo hacen con su propio carácter en desarrollo. Estoy convencida de que los padres, incluso los que se comportan de manera que nos puede costar entender, hacen lo que pueden a la luz de cómo han sido sus propias historias. Tampoco creo que los niños necesiten cuidadores perfectos, que siempre hagan «lo correcto» y estén al máximo nivel. Este tipo de padres no dejan espacio a la flexibilidad, a que sus hijos les vean defectos e imperfecciones —que los harán más comprensivos con los suyos propios—, ni pedir disculpas o corregir lo que hacen mal. Unos padres impecables no ayudan mucho al **desarrollo de la autoestima** de los niños. Es mejor para ellos que los cuiden personas reales, con sus más y sus menos, que hacen lo que pueden. No hace falta ser excepcionales.

Es cierto, sin embargo, que algunos padres maltratan a sus hijos. Como sociedad, debemos visibilizar y atender esta triste realidad, para que todos esos niños estén debidamente protegidos y tengan la posibilidad de desarrollarse y alcanzar su máximo potencial. También es cierto que esos padres suelen tener historias similares a las que reproducen. Se vinculan con el tipo de vínculos con el que crecieron, con el que su cerebro se desarrolló, con el que su personalidad se configuró. Estas cadenas de vínculos insanos que pasan de generación en generación **se pueden romper**, pero hace falta más que un acto de voluntad. Necesitamos tomar conciencia de nuestros patrones, romper los automatismos, reconectarnos con nosotros mismos, para que las cosas cambien en profundidad. Hacer esto solos es muy difícil, innecesariamente difícil.

Sin llegar a estos extremos, cuando un niño tiene problemas y, por muchas cosas que intentemos, no podemos resolverlos, a cualquier padre se le activa una sensación muy difícil de gestionar: la culpa. De hecho, con el nacimiento de un hijo es como si se nos activase una especie de microchip que inunda de culpa nuestro cerebro y hace que los padres siempre nos responsabilicemos de lo que les pasa a nuestros niños. El problema surge cuando a los niños les pasan cosas que no podemos evitarles, o cuando los vemos sufrir y no podemos llegar a ellos. Si un niño lleva tiempo con problemas y un terapeuta nos dice lo que podemos hacer para mejorarlo, llegamos a sentirnos incómodos y traducimos ese mensaje en una autocrítica: «Todo este tiempo lo he hecho mal». Cuando el microchip de la culpa se dispara, ya no podemos escuchar nada más. Quizá nos enfademos con el terapeuta, con el niño, con el colegio o con el Gobierno, pero nos costará situarnos en una posición provechosa, centrarnos en lo que hay debajo del problema de nuestro niño y pensar en cómo —entre todos— podemos ayudarlo.

Yo siempre propongo a los padres de los niños que atiendo que cada uno de ellos haga también algunas sesiones, o, si sus historias fueron difíciles, que empiecen un proceso de terapia. Ver a tu niño sufriendo sin ser capaz de ayudarlo es una situación altamente traumática para cualquier padre. Y lo es más aún cuando la situación se prolonga y se complica. Si los padres consiguen mantenerse serenos pese a todo, acompañan a su hijo y se centran en hacer lo que pueden, transmitirán al niño esa **serenidad** y la **convicción** de que juntos podrán **superar la situación**. Los niños aprenderán a asustarse, estar tristes, frustrarse, enfadarse y aburrirse, mientras son entendidos y cuidados. Estos malos momentos son poderosos aprendizajes cuando están acompañados de las personas que los cuidan. De adultos, esas experiencias serán la base para cuidarse mejor que nunca cuando estén mal, y para no dejarse ir en los estados de decaimiento o dificultad. Si los padres, como es muy normal, están angustiados, llenos de preocupación, culpándose o sin fuerzas, trabajar con EMDR su propia sensación —y las situaciones con las que les conecta— puede ser muy regulador para los niños.

Lucas estuvo muy grave cuando tenía siete meses y lo operaron de un problema en el intestino. Su madre, **Berta**, era una mujer tranquila, que afrontaba los problemas de la vida con buen ánimo y que se vinculaba bien con su hijo. Sin embargo, cuando estuvo ingresado, ella pasó mucho miedo pensando que el niño podría morirse. Cuando los conocí, Lucas, con once meses y físicamente ya recuperado, tenía episodios de llanto incontrolable que Berta no conseguía calmar. Era mucho peor cuando le dolía la barriga por cualquier motivo, ya que probablemente se activaba en el niño el recuerdo corporal de lo que había pasado. Como Lucas apenas estaba empezando a hablar, intentamos trabajar a través del juego para representar lo que había pasado y poder acceder así a aquel recuerdo que, sin palabras, parecía seguir activo en el cuerpo del niño. Pero Lucas era muy pequeño e inquieto, y no encontramos el modo de trabajar en ello.

Dado que Berta sufría mucho con lo que le pasaba a su hijo, le propuse trabajar su propia sensación. Cuando Lucas se ponía a gritar, a ella le resultaba extremadamente difícil mantener la calma. Por motivos que no vienen al caso, tuvimos que hacer la sesión con Berta mientras Lucas correteaba por la consulta, supuestamente entretenido con los juguetes. Mientras Berta trabajaba con su recuerdo del ingreso y la operación del niño, este se fue acercando y se sentó en el regazo de su madre. A medida que ella se calmaba con el trabajo que hacíamos, Lucas se iba sosegando.

Terminamos la sesión con Berta hablándole tranquilamente de lo que había pasado, mientras Lucas se acurrucaba en su pecho. Lo increíble de aquella sesión es que, a partir de ese momento, los problemas de Lucas desaparecieron.

Lo que pasó en la consulta con Berta y Lucas no tiene que ver con la magia, sino con la neurobiología del cerebro en desarrollo. Un niño tan pequeño no tiene aún desarrolladas las áreas cerebrales que se ocupan de regular sus emociones. **Es el adulto que lo cuida quien hará esa función** y servirá de modelo, desde el cual, poco a poco, el niño irá haciéndose más autónomo a este nivel. Sin embargo, en el caso de Lucas, su madre no podía hacer esto cuando él se sentía mal. Berta tenía aún sin procesar la terrible experiencia de pensar que podía perder a su hijo. Una vez que esto estuvo resuelto para ella, cuando el niño lloraba porque le dolía la barriga, el cerebro de su madre ya no se conectaba automáticamente con el miedo de aquella experiencia, sino que podía mantener la calma y centrarse en transmitírsela a Lucas.

Aunque los niños más mayores ya tienen más capacidad de autorregularse, esta no estará totalmente desarrollada hasta que sean adultos. Los modelos que sus padres les dan sobre cómo afrontar las cosas y cómo gestionar el malestar, y el modo en el que reaccionan a los problemas y dificultades de sus hijos, siguen siendo esenciales. Para ayudar de veras a un niño, **es importante que la familia al completo se implique en el proceso** de tratamiento. Esto, muchas veces, no es posible. Y generalmente, cuanto más grandes son nuestros problemas, menos conscientes somos de que están ahí. Algunas familias, aunque sepan que tienen dificultades, tienen miedo a entrar en sus propias historias o les cuesta mucho dejarse ayudar. Soy muy consciente de que esto que digo no es nada fácil para muchas personas. Pero es importante. Hasta que nos hacemos adultos, el peso de los que están a nuestro alrededor es demasiado grande como para que podamos resolver las cosas por nosotros mismos. Los padres, los abuelos, las personas que cuidan de nosotros son piezas esenciales en el tratamiento.

Una dificultad añadida en el tratamiento de los niños tiene que ver con el medio escolar. Los niños de hoy en día pasan en el colegio más horas que en su propia casa, por lo que el papel de maestros y compañeros es importantísimo. El terapeuta de niños ha de coordinar a través de profesores diversos —que pueden estar o no por la labor— las intervenciones con el niño y con su grupo de iguales, para que lo que se haga en casa y en el colegio sea lo más coherente posible. Con tantas personas implicadas, en el mundo real la perfecta armonía es imposible, pero hay que intentar que todas ellas empujen en la misma dirección. Esto es lo más difícil para mí de trabajar en el área de la infancia y la adolescencia.

Niños con historias muy complejas

Algunos niños, aunque sean muy pequeños, llevan a la espalda mochilas enormes. En ocasiones han sido adoptados tras pasar los primeros años, esos que son clave para el desarrollo de sus cerebros, en entornos carentes de atención, afecto y cuidados, o directamente maltratantes. Otros viven aún en estos contextos porque los problemas de sus familias no han sido detectados o resueltos por los servicios sociales. Estos niños pueblan los centros que el sistema de protección dedica a los que no han podido permanecer en sus casas, o viven con familias de acogida. Unas veces, se llenan de rabia porque es la única emoción que les permite anular el dolor; otras, se encapsulan dentro de sí mismos y no permiten que nadie acceda. **Establecer un vínculo de seguridad** con ellos es un desafío que conocen bien los profesionales que trabajan con estos temas.

Sebastián tenía nueve años cuando lo vi por primera vez. Llevaba unos meses en acogida temporal con una familia que hacía cuanto podía para que se encontrara a gusto, pero el tema no era fácil. El niño tenía explosiones de agresividad incontrolable, en las que gritaba y tiraba todo cuanto estaba a su alcance. La familia tenía que sujetarlo con fuerza para parar aquello, que solo acababa cuando Sebastián terminaba agotado. Después, la madre de acogida tenía largas conversaciones con él sobre lo ocurrido, a lo que el niño respondía mostrando arrepentimiento y diciendo que no volvería a ser malo. Así me contó a mí esos episodios, que parecían respuestas impulsivas a la imposición de una norma del día a día o ante una pequeña frustración. Sin embargo, la comprensión de esta historia no tiene que ver con la falta de límites.

La trabajadora social que llevó el asunto de Sebastián me contó que era el caso de maltrato físico más grave que recordaba en toda su vida profesional, así que sobran los detalles sobre lo que este niño tuvo que vivir en su familia de origen. El juez de menores tuvo que intervenir y a sus padres les retiraron la custodia. Probablemente Sebastián acabaría siendo adoptado, pero los servicios sociales pensaron que sería mejor que el tiempo necesario para que los trámites se resolvieran lo pasara en un contexto familiar. Y aunque esta familia de acogida era afectuosa con el niño, el amor no parecía ser suficiente para curar sus heridas.

Como muchas de las conductas de Sebastián parecían fuera de su control, y puesto que yo conocía esta historia —en la que él, de entrada, no se mostró muy dispuesto a entrar—, le pedí que me representara con unas figuritas cómo sentía que estaba su cabeza por dentro. Escogió un pequeño Pinocho y me explicó que este era el que se relacionaba con todo el mundo: la familia de acogida, los compañeros de colegio, los profesores... Este era, pensé yo, el intento de Sebastián de adaptarse a su nuevo mundo, de aparentar normalidad pese a todo lo que había en su interior. No en vano había escogido ese personaje de cuento, un famoso contador de mentiras.

Después, el niño fue eligiendo otras figuritas. Un león, que tenía que ver con la rabia que salía a veces. «Este ha hablado con tu amigo», me dijo (se refería al psicólogo que trabajaba conmigo en la unidad de salud mental). Un gato negro. Este solo parecía relacionarse con un mago. «Esta eres tú», me explicó. Sebastián me había dejado llegar un poquito más adentro, aunque no estábamos todavía en las capas profundas que contenían el dolor. Por último, escogió un pequeño demonio enfadado. «¿Y este?», le pregunté, «¿no se relaciona con nadie?». «No», me dijo Sebastián, «este solo aparece cuando dibujo cuerpos». Dado que el daño que este niño había recibido tenía mucho componente de maltrato físico, este comentario no me pareció casual. El dolor más profundo estaba aislado muy adentro, lejos de la mirada de cuantos lo rodeaban, y de ahí salía aquella rabia ciega que a veces descargaba sin mirar dónde ni contra quién. Para poder trabajar con EMDR, necesitamos poder llegar a esas capas, es ahí donde están las heridas nucleares. Pero esto, hemos de recordar, es enormemente delicado.

El extraordinario poder de la mirada

El trabajo con EMDR en estos casos es de una enorme complejidad. Muchos aspectos básicos del funcionamiento emocional han de ser construidos desde sus cimientos. Hasta llegar a procesar los recuerdos nucleares, es necesario superar

—capa tras capa— todas las barreras, ayudando a estos niños a desmontar sus corazas. Esto requiere mucho tiempo, porque la relación, clave para la psicoterapia, es precisamente una de las mayores dificultades que hay que superar. La capacidad para confiar en otro ser humano está profundamente alterada, como es normal cuando uno ha sabido demasiado pronto que los demás no siempre aportan seguridad, sino, muchas veces, daño. Es necesario el trabajo paciente y coordinado de personas que puedan entender en profundidad el mundo de estos niños y adolescentes para conseguir cambios, que a veces no llegan a verse hasta mucho más adelante. Las familias que acogen niños con una historia traumática importante, los profesionales que trabajan en el sistema de protección, los profesores que les dan clase han de ser conscientes de lo que estos niños llevan en su interior y de lo que hay detrás de sus conductas y sus problemas. Solo siendo realmente vistos, estos niños cargados con pesadas mochilas pueden aprender a verse sin ellas.

LO MÍO ES TUYO Y LO TUYO ES MÍO

El **trabajo con parejas** puede potenciarse con el EMDR debido a que, a menudo, las historias de ambos miembros comparten algunas conexiones. Ninguno llegamos a una relación sin llevar con nosotros aprendizajes sobre los vínculos y la confianza. Mostrar la vulnerabilidad, pedir ayuda y dejarse ayudar, cuidar y ser cuidado son elementos que pueden representar recursos para manejar el necesario proceso de adaptación mutuo que suponen las relaciones de pareja, o bien conexiones con puntos de bloqueo que nos restan flexibilidad y capacidad para responder a las dificultades que se puedan presentar. **Cada uno llega a la relación con su propia mochila y una capacidad mayor o menor para mostrar al otro su contenido.**

Cuando somos niños, los vínculos de apego con las personas que nos cuidan son esenciales para nuestra supervivencia física y emocional. Al hacernos adultos, muchas relaciones las establecemos desde un tipo de vínculo diferente. Los compañeros de trabajo, incluso las relaciones de amistad, no activarán este sistema de apego al nivel que lo hace la pareja. Ahí volverán a entrar en juego los elementos de protección y cuidado, y lo harán en función de cómo se modelaron en nuestras relaciones tempranas. Estos elementos nos van a influir en cómo planteamos las relaciones, lo abiertos que estamos a ellas, el tipo de pareja que elegimos y cómo nos implicamos en esa relación.

Las personas que se sienten seguras en la intimidad con otra persona pueden establecer vínculos sanos, duraderos y gratificantes. Sin embargo, si nuestras primeras relaciones fueron inseguras o caóticas, nos resultará difícil funcionar desde la seguridad. Como de algún modo hemos de vincularnos, recurriremos a otros sistemas para hacerlo, ya sea desde el control y la dominación (dominante o sumiso), o bien desde el cuidado (cuidador o receptor pasivo del cuidado del otro). Las relaciones que se establecen desde estos sucedáneos de la verdadera seguridad pueden ser estables y aparentemente funcionales, pero no son tan gratificantes y constructivas como las relaciones seguras. En ellas se puede permanecer, pero no crecer.

Sin embargo, quienes vienen de algunos apegos inseguros y desorganizados ven a las personas de apego seguro como «poco intensas» y sienten esta forma de vincularse como menos auténtica, como si estas no los quisieran como ellos creen que necesitan (de modo tan intenso que duele). Alguien que viene de un apego en el que faltó o sobró algo tenderá a buscar personas que se acoplan a esos elementos. Esta solución, que parece responder al refrán «siempre hay un roto para un descosido», en realidad no es buena idea. Aunque pueden tener la sensación de conectar con alguien que ha vivido cosas similares, han de tener en cuenta que también se ponen en común todas las dificultades para comunicarse, confiar, vincularse y entender la autonomía del otro.

¿De qué tipo de amor hablan las canciones de amor?

Si lo pensamos bien, las canciones de amor pocas veces son escritas por personas de apego seguro. Letras como «sin ti no soy nada», «me muero sin ti» o «ni contigo ni sin ti tienen mis males remedio» reflejan relaciones de una intensidad patológica, en las que la persona no puede verse como valiosa en sí misma ni es capaz de sentirse bien simplemente estando con el otro. Son historias de tormentas y desencuentros que no suelen acabar satisfaciendo las aspiraciones de cada miembro de la pareja, sino que terminan precisamente en eso, en conflictos y dolor.

La cantidad de matices que pueden entrar en juego es enorme. Podemos ver en el otro al niño necesitado de afecto que intenta-

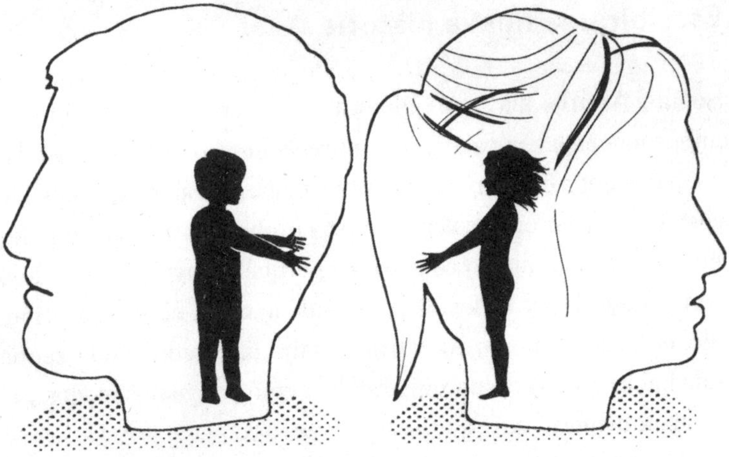

mos dejar atrás en nuestra propia historia, y dando afecto a ese niño estamos, de algún modo, tratando de reparar al niño que nosotros fuimos. Podemos engancharnos de alguien que nos ama desesperadamente, pero que nos trata a veces de forma brusca, como un eco de la relación entre nuestros padres cuyas consecuencias sufrimos. En ocasiones, repetimos lo que menos nos ha gustado, vemos en el otro lo que negamos en nosotros, pedimos lo que nosotros mismos no nos damos. **Nuestros nudos se enredan con los nudos de nuestra pareja**, y empezamos a bailar un baile que a ninguno nos gusta, pero no somos capaces de dejar de hacerlo, como si estuviésemos poseídos por una música que se repite.

Estos curiosos patrones pueden ser recurrentes. Nos damos cuenta de que una y otra vez, sin tratar de hacerlo intencionadamente, acabamos con el mismo tipo de pareja, o teniendo de nuevo idénticos problemas. La explicación no es que estemos ciegos o que seamos idiotas, la explicación está dentro de nuestras mochilas.

Escribir una nueva historia

Sofía y **Arturo** llevaban quince años juntos y habían tenido un hijo, sobre cuya educación tenían frecuentes discusiones. Arturo creía que Sofía era muy blanda y que malcriaba al niño, a quien le costaba avanzar en el colegio por sus problemas de atención. Sofía se enfadaba mucho con Arturo porque no ayudaba a su hijo con los estudios y le dejaba a ella toda la carga de su educación. Sin embargo, cuando Arturo intentaba intervenir, Sofía sentía que había de pararlo porque trataba al niño de malos modos y lo ponía muy nervioso.

¿Cómo se entiende esto desde la historia de ambos?

Sofía venía de una familia con un padre autoritario que, por suerte, trabajaba en el mar y no estaba demasiado en casa. Su madre tendía a la depresión y, ante los disgustos de la vida cotidiana, podía meterse en la cama durante días. Desde muy pequeña, Sofía —la mayor de cuatro hermanos— se había hecho cargo de cuidarlos ante la dejación de funciones de su madre. Cuando pensaba cómo quería que fuera su familia, se decía que a sus hijos no les faltaría el cariño que ella no había tenido.

Por su parte, Arturo provenía de una familia donde convivían sus padres, sus abuelos paternos, dos hermanos y un tío con discapacidad, hermano de su padre. La relación de sus padres con los abuelos era complicada por las frecuentes descalificaciones de la abuela, que se autodefinía como la dueña del techo que los cobijaba a todos. Esto generaba frecuentes discusiones entre los padres de Arturo, cuya madre le recriminaba a su marido que no se enfrentara con la abuela y no tomara la decisión de independizarse. Aquellas discusiones solían terminar con su madre llorando y su padre quedándose cada vez más callado e inmóvil.

Cuando Sofía lo descalificaba delante del niño, la mente de Arturo conectaba, sin que él se diese cuenta, con el desprecio de su abuela hacia su madre. Su carácter reservado y su dificultad para comunicar sus emociones venían del modelo de su padre y del poco espacio que había en aquel ambiente conflictivo para que alguien mantuviese con él conversaciones sobre sentimientos. Esta actitud de irse hacia dentro en las discusiones, a su vez, era para Sofía un disparador de los sentimientos de abandono y la dolorosa ausencia de su madre a lo largo de toda su infancia. Sofía había cuidado de sus hermanos cuando todavía era ella quien necesitaba ser cuidada, y esto hizo que desarrollara una actitud ambivalente hacia cuidar niños. Por un lado, ese papel le permitió unirse a sus hermanos y sentirse conectada con alguien del único modo posible en su casa. Por otro, era mucha responsabilidad. El cuidado se volvió un patrón, pero a la vez algo muy pesado que llevaba debajo de la conciencia un ruego doloroso: «Y a mí, ¿quién me cuida?». Cuando Arturo no se ocupaba de su hijo, todo esto se activaba en Sofía. Cuando lo hacía imponiéndole rudamente cosas al niño, a Sofía se le activaban recuerdos del autoritarismo de su padre. Se generaba una situación sin solución (malo si A, malo si B, no hay C) que, a su vez, a Arturo le evocaba los conflictos irresolubles de su propia familia de origen.

Sofía y Arturo estaban atrapados en un nudo bien enmarañado. Para deshacerlo, fue muy útil que fueran conscientes no solo de las dinámicas en las que entraban, y de cómo se sentía el otro, sino también de por qué el otro se sentía como se sentía. Incluir en la ecuación el «de dónde venían» sus patrones y sus sensaciones los ayudó a ambos a entender que lo que ocurría no tenía que ver solo con su pareja, sino con viejas herencias familiares de ambos. Darnos cuenta de estos hilos invisibles hace ya que pierdan fuerza. Procesar esos recuerdos es aún más potente: puede cortar los hilos por completo.

Después, es necesario cambiar los pasos de baile en la relación actual. La ventaja es que siempre **es más fácil bailar con las mochilas vacías**. A menudo, en terapia familiar se proponen a las parejas o familias experimentos para valorar o ayudar a modificar los bucles en los que en muchas ocasiones entran. Sin embargo, no pocas veces estas tareas no consiguen su efecto porque hay una inercia potente que arrastra a la familia al baile de siempre, a ese punto de equilibrio que a nadie le viene bien. Desde el punto de vista del EMDR, esta inercia tiene mucho que ver con recuerdos no procesados, con herencias más o menos ocultas que nos lastran a la hora de evolucionar hacia lo saludable.

Cuando Arturo procesó un recuerdo relacionado con las discusiones en su familia de origen, empezó a sentirse diferente mientras discutía con Sofía. Ahora, en lugar de quedarse callado, seguía hablando y exponiendo su punto de vista. A la vez, al trabajar Sofía sobre sus recuerdos —en los que veía a su madre acostada en su habitación—, empezó a plantearle a Arturo lo importante que era para ella que él se implicara desde una posición más adulta. Además, cuando Sofía trabajó los recuerdos en los que, de niña, sentía el peso de preocuparse por su madre y de tener que hacerse cargo de sus hermanos, empezó a cuidarse más a nivel emocional. Así pudo dejar que Arturo cobrara protagonismo en la educación de su hijo. Sofía comprendió la saturación que ella misma sentía cuando sus hermanos no le hacían caso, esto le hizo entender mejor cuando Arturo perdía la paciencia, y, desde esa comprensión, fue más capaz de ayudarlo y él se mostró mucho más receptivo. A medida que sus historias se resolvían, Sofía y Arturo fueron encontrando cauces adultos para solucionar sus desacuerdos y modos de pactar cuando no lo lograban por completo. Pero lo más importante es que la mayor **comprensión y conexión emocional** que desarrollaron consigo mismos les ayudó en igual medida a **comprender y conectar con el otro**. Esto se trasladó a una relación también distinta con su hijo, desde la que no estaban tan obsesionados por que el niño funcionase bien en el colegio, y se centraron en favorecer su desarrollo emocional. A partir de ahí, ambos escribieron **una nueva historia**, en lugar de repetir patrones derivados de sus herencias emocionales.

A TRAVÉS DE TUS OJOS

Una experiencia que me encanta es el trabajo con grupos, quizá porque la primera etapa de mi formación se centró en la terapia grupal. Desde hace unos años, trato de combinar los procedimientos del EMDR con los propios de los grupos para atender a las personas a las que ayudamos en el Programa de Trauma y Disociación que coordino en el hospital universitario donde trabajo. Los resultados han sido muy interesantes.

De hecho, se ha investigado mucho sobre el trabajo con EMDR en grupos. Una buena parte de esos estudios se ha hecho en situaciones de catástrofes humanitarias —terremotos, inundaciones, etcétera—, tanto con adultos como con niños. Aquí, todos los participantes piensan en la misma situación, notan las emociones y sensaciones que les genera, se dan cuenta de cómo les hace sentir y utilizan la estimulación bilateral todos a la vez. En el caso de los niños, se trabaja a partir del dibujo que hacen del problema, y después van dibujando lo que les surge a medida que procesan el recuerdo.

Estos procedimientos en grupo se han ido aplicando cada vez a más situaciones. Por ejemplo, ha habido trabajos con mujeres enfermas de cáncer o que habían sufrido agresiones sexuales, con cuidadores de enfermos con demencia, se ha adaptado el protocolo para adolescentes... En todos estos casos, el trabajo con EMDR ha mostrado que puede disminuir el nivel de activación y contribuir a procesar la experiencia. En España, un grupo de compañeros de Valencia participó en un estudio con menores no acompañados que estaban en el sistema público de protección. Los efectos fueron muy positivos, su estado emocional mejoró mucho. Lo que me comentó la coordinadora del proyecto es que, además de este efecto, los chicos guardaban una muy buena sensación de aquella experiencia, que, aparte de desbloquear su mente de los recuerdos que traían consigo, les dio un sentimiento de pertenencia al grupo y a las personas que les acogieron. A largo plazo, que estos niños empiecen su vida en nuestro país con sus mochilas un poco más ligeras y con esta vivencia que describían ayudará probablemente a que puedan **adaptarse y funcionar mejor** en el futuro. Por supuesto, serán necesarias muchas más cosas para ello, pero un cerebro muy bloqueado no estaría en condiciones de aprovecharlas igual.

Muchas de estas intervenciones pueden ayudar a **prevenir** que los problemas aparezcan, a evitarlos antes de que nos dañen. Habitualmente consideramos que un trastorno por estrés postraumático se desarrolla cuando, transcurrido ya un mes desde la situación que nos marcó, seguimos asaltados por imágenes de ese suceso, tenemos pesadillas y pasamos de activarnos en exceso a venirnos abajo. Antes de que pasen esos treinta primeros días, todo está, por decirlo así, sin asentar. Por tanto, parece lógico esperar ese tiempo a ver qué pasa. Pero también tiene sentido pensar que, si podemos **disminuir el malestar antes**, o incluso **ayudar a que los síntomas no se consoliden**, será aún mejor. La importancia de la prevención mediante el EMDR se está viendo en algunos estudios que trabajan con situaciones de crisis en los primeros momentos después de que se produzcan, aunque falta mucho por investigar.

Durante la pandemia por la COVID-19 se propuso a personas que estuvieron en primera línea y a afectados directos —los grupos con más posibilidades de desarrollar trastorno de estrés postraumático (TEPT)— una intervención gratuita por parte de la Asociación EMDR España. Cuando se ofreció este programa, muchos profesionales lo rechazaron pensando que toda intervención psicológica consiste en hablar de lo mal que se pasa o recibir consejos, y que esto no les aportaba nada. Sin embargo, la intervención con EMDR es muy distinta: se relata por encima la experiencia, incluso puede solo visualizarse internamente, y se utiliza la estimulación bilateral para reducir el malestar y reforzar los recursos propios de cada persona. Aunque el procedimiento es aparentemente sencillo, entre quienes sí decidieron participar pudimos ver una clara disminución del nivel de estrés. De hecho, la valoración de los participantes fue muy positiva. No podemos saber si este trabajo evitará el futuro desarrollo de TEPT en estas personas, pero tendría sentido que así fuera. Si no soltamos la presión acumulada —las vacaciones no siempre duran lo bastante para desconectar o descansar por completo—, podemos terminar completamente agotados.

Trabajo en el Programa de Atención a Médicos de nuestro colegio profesional, y muy pocos compañeros solicitaron ayuda para superar la factura emocional que les pasó la primera fase de la pandemia. Uno de ellos me comentaba que, hablando de esta posibilidad con dos colegas, ambos la descartaron diciendo que ellos lo llevaban bien. Uno se había peleado con prácticamente todo el personal del centro en el que trabajaba, y el otro pensaba dejar la profesión o cogerse una baja, pero ninguno de los dos registró estos indicadores como señales de «igual no me vendría mal que me echaran una mano». Con esta sobrecarga encima, les resultó mucho más difícil afrontar las siguientes olas y continuar con su trabajo. Por supuesto, la situación concreta era terrible y muchos factores económicos, organizativos, sociales y políticos tenían un peso enorme en su estado emocional. Pero cuanto más dura es la situación, más nos interesa todo lo que pueda ayudarnos a gestionar el estrés que nos genera.

Mi experiencia personal con los grupos tiene que ver con un trabajo algo diferente, pero que es una alternativa muy interesante. Las personas que acuden al Programa de Trauma y Disociación que coordino tienen historias complicadas, en general, infancias muy difíciles y traumas graves. Debido a ello, sus patrones de autocuidado, regulación emocional y relaciones interpersonales son muy poco saludables, y es necesario incidir en ello. Al principio, yo no tenía claro que complementar este trabajo con EMDR fuese adecuado. Las investigaciones previas se habían hecho con grupos más homogéneos, formados por personas que habían atravesado la misma experiencia. Además, no sabíamos si los procedimientos que se empleaban en grupos con menos concentración de traumas graves podían trasladarse a estas personas que acudían a nuestro programa. De modo que pusimos en marcha nuestro propio estudio para ver si aportaba algo o no y cuáles eran sus beneficios. Lo que vimos fue que introducir la **estimula-**

ción bilateral en determinados momentos llevaba a que las personas evolucionaran mejor y se produjeran más **cambios favorables**.

El elemento del trabajo con grupos más interesante para mí es que, aparte del terapeuta que dirige la sesión, **las personas pueden beneficiarse de las aportaciones de los demás participantes**. Como ocurre con las sesiones individuales, hay muchas maneras diferentes de hacer terapia grupal. Lo primero que a muchos nos viene a la mente son los grupos de autoayuda que suelen salir en las películas, en los que los participantes comparten sus peores vivencias. En mi experiencia, esto no es beneficioso para la mayoría cuando trabajamos con personas con traumas graves, sobre todo en la primera etapa. Las historias de unos resuenan con las de los otros, y es más lo que se activa que lo que se coloca. Lo que hicimos en los grupos del programa fue ayudar primero a las personas a **entender lo que les ocurría, incorporar herramientas para cuidarse mejor, regular sus emociones y relacionarse con los demás**. Con la estimulación bilateral ayudamos a reforzar estos cambios y a procesar algunos puntos de bloqueo, lo que potenció mucho el trabajo. Sin embargo, no entramos en el grupo a tratar las peores experiencias de cada uno. Esto, cuando ya se sentía preparada, lo hacía cada persona en su terapia individual.

Os dejo aquí los comentarios que algunas de estas personas nos hicieron sobre la experiencia:

- «Creo que si he conseguido venir, pues generalmente falto mucho a las sesiones, es porque somos un grupo. Creo que se lo debo al grupo, y que somos afortunados por tener esta oportunidad. Me ha ayudado a sentir que, si quiero ponerme bien, cuidarme tiene que ser lo primero, que vale la pena esforzarse por eso. Pero el hecho de que sea en grupo ha sido importante, era como que teníamos que avanzar todos juntos, acabar todos juntos.»

- «Ver que los demás están también en lo mismo que yo me ha ayudado mucho. A veces siento que no puedo, pero hemos creado así una fuerza grande, y es como que podemos. Sí, nos costará, pero entre todos vamos cogiendo los problemas de uno en uno, porque con todos los problemas a la vez no se puede.»

- «Yo, personalmente, noté un cambio abismal en la relación con mi madre. Ella sigue igual, pero ahora es como si yo me quitara de encima una responsabilidad demasiado pesada. Le pude decir las cosas claras y, aunque me preocupaba que la relación empeorase, de hecho ahora es mucho mejor. Ya no me siento culpable, ahora no..., bueno, lo intento.»

- «He venido, en parte, porque lo que empiezo lo termino, pero en un 80 % porque me gustó desde el principio, me ha dado muchas herramientas que me faltaban. Antes mi cabeza era como dar vueltas en la noria, y ahora puedo verlo y puedo hacer otras cosas. Estoy más en mí, y menos en los problemas de los otros; antes me cargaba mucho con eso, y en el fondo no arreglaba nada.»

Por supuesto, unas personas sacaron más partido a este trabajo que otras. A muchas, con dificultades para vincularse y confiar, venir a un grupo les costó un esfuerzo enorme y se animaron a hacerlo porque les expliqué que no se trataba de hablar de temas íntimos o difíciles, sino de **aprender juntos a mejorar las cosas** que les pasaban. Esta sensación compartida, la conexión con los demás, el proceso de avanzar juntos, es un elemento diferencial de los grupos que no aporta la terapia individual. Por supuesto, algunas personas lo viven de otra manera o rechazan la experiencia por muchos motivos. A otras no se lo propusimos porque no lo veíamos adecuado para ellas. Describo estas experiencias para mostrar que el trabajo grupal desde la perspectiva del EMDR es una opción más a nuestro alcance y ofrece resultados prometedores.

UNA HERRAMIENTA CON DISTINTOS USOS

Realmente la terapia EMDR puede aplicarse a cualquier tipo de situación, lo cual no significa que valga para todo. Como veíamos, hay mucha más evidencia para el trastorno por estrés postraumático que para ningún otro problema, pero conviene recordar que numerosas personas que padecen ansiedad, depresión, adicciones, etcétera, sufren además ese trastorno.

Además, si entendemos que los recuerdos que podemos procesar son todos aquellos que no han sido asimilados por completo y que siguen influyéndonos negativamente, no limitaremos la aplicación de los procedimientos específicos del EMDR a accidentes o situaciones equivalentes. El efecto de trabajar los frecuentes comentarios humillantes de un profesor es equivalente al de hacerlo sobre una agresión grave en un momento puntual. Por ello, el procesamiento de recuerdos se aplica en todas estas situaciones del mismo modo.

Ahora bien, si vamos a tratar problemas emocionales concretos, necesitamos saber —desde la evidencia científica— si el trabajo con EMDR realmente puede ayudar a una persona que padece problemas como depresión, adicciones, trastorno obsesivo, síntomas psicóticos, etcétera. De lo contrario, estaríamos dando muchas cosas por supuestas. La información que hemos de conocer para empezar una terapia es la que viene de la investigación, junto con la que procede de la experiencia clínica. Así que hablaré un poco de ambas cosas, de los estudios científicos y de lo que me han enseñado quienes más saben de esto: las personas a las que trato.

¿De dónde viene la tristeza?

Hace unos años tuve la oportunidad de coordinar un estudio sobre los beneficios de aplicar el EMDR en casos de depresión, en el que participaron profesionales de muchos países. Junto a unos compañeros de Galicia trabajamos con un grupo de personas que sufrían depresión, comparando los resultados de la terapia EMDR con los de la cognitivo-conductual, que ya habían sido demostrados previamente. La terapia cognitivo-conductual, la modalidad terapéutica de referencia hoy en día, combina distintas estrategias centradas en cambios en el comportamiento y en las creencias negativas, frecuentes en los cuadros depresivos. La idea del estudio —llamado EDEN (European Depression EMDR Network) y origen de varias publicaciones científicas—era comprobar si el EMDR ofrece resultados comparables.

Lo que vimos en nuestro estudio es que el EMDR resultaba ser muy efectivo en personas con depresión, tanto como la terapia cognitivo-conductual. Es decir, tenemos algunas evidencias de que funciona. Sin embargo, el trabajo que se hizo con este método en el proyecto EDEN fue diferente del que se llevó a cabo con el modelo de terapia cognitivo-conductual. Como ocurre muchas veces en los tratamientos de problemas tanto físicos como mentales, podemos llegar por distintas rutas a similares destinos. Las preguntas que siguen abiertas son: ¿funciona igual en todas las personas?, ¿funciona igual a largo plazo?, ¿mejoran otros problemas asociados a la depresión? Para responder a todas ellas, como siempre, necesitamos más estudios.

El modo en el que trabajamos con EMDR fue tratar de **entender el problema** de los participantes desde su historia. Muchos tenían ya recuerdos que les asaltaban una y otra vez, con una carga emocional muy clara y que era evidente que no estaban procesados. Otros tenían creencias muy negativas sobre sí mismos. Tanto la terapia cognitivo-conductual como el EMDR trabajan con estas creencias, pero lo hacen de un modo diferente.

La terapia cognitivo-conductual (o TCC) aborda directamente estos pensamientos distorsionados que se consideran generadores de un estado emocional depresivo. La persona que ve el mundo en extremos, que anticipa los peores futuros posibles, que solo se fija en lo malo que ocurre e ignora lo bueno, que se dice continuamente lo que «debería» hacer, tiene más posibilidades de deprimirse ante la misma realidad que alguien que adopta una perspectiva más realista.

Sin embargo, en el EMDR, las creencias (que no son idénticas a las que se manejan en TCC, pero que también son pensamientos negativos irracionales) se consideran una consecuencia de **la historia de la persona**, y por tanto se explorarán, pero con intención de encontrar la raíz que las alimenta. Por tanto, junto con el paciente nos preguntamos de dónde vienen y dónde las aprendió.

Pensemos en la creencia negativa sobre nosotros mismos más persistente, esa frase que viene con frecuencia a nuestra cabeza, en los peores momentos, como «soy un desastre», «no soy suficientemente bueno» o cualquiera de las que describíamos capítulos atrás. Pensando en esta creencia, hagámonos estas preguntas:

- ¿De dónde sale esta idea?
- ¿Dónde lo aprendí?
- ¿Hubo alguien que me dijera algo así sobre mí? ¿Quién?
- ¿Cuál es el recuerdo más antiguo que me viene a la mente en el que me decía eso a mí mismo?
- ¿Qué cosas vinieron después que hicieron aún más grande esa creencia en mi interior?
- ¿Qué la activa ahora?

Cada uno de esos momentos es un recuerdo por deshacer, una experiencia aún cargada emocionalmente que hemos de ayudar a que se vuelva neutra. Al hacerlo, las creencias se debilitan y caen por su propio peso. Podremos vernos de un modo realista, no perfectos, por supuesto, pero sí suficientemente **buenos**, **valiosos** como seres humanos, **con nuestros más y nuestros menos**. Sabremos **aprovechar nuestras posibilidades.**

Regresar al minuto cero

Para avanzar es importante **entender dónde empezó todo**. En ocasiones esto no nos resulta evidente. La primera vez que estuvimos deprimidos pudo asociarse a una pérdida importante o a un problema, pero ahora, cuando volvemos a sentirnos así, no parece haber pasado nada relevante. Sin embargo, no restemos importancia a lo irrelevante. **Las pequeñas cosas tienen a veces un significado especial.** Quizá si observamos cómo era nuestra vida durante la primera etapa en la que dejamos de querer salir, en la que no teníamos fuerzas para nada, comprendamos que tuvo que ver, por ejemplo, con marcharnos de casa lejos de nuestra familia. En las familias en las que los vínculos son extremadamente fuertes (lo cual no significa que sean más sanos), a las personas individuales les puede costar verse como seres autónomos. «No puedo vivir sin ti», «no soy nada sin ti», son las frases que definen estas relaciones, y esto se confunde con el amor. Realmente sabemos que en el apego seguro —el que más nos ayuda a estar emocionalmente saludables y a relacionarnos mejor— puede correr el aire entre las personas, aunque se vinculen. Tú eres tú, con tus propias emociones y opiniones, con tu propia vida. Yo soy yo, un ser distinto, pero te quiero y me importas. Nos relacionamos desde nuestra autonomía. Esto es difícil en algunas familias, pero nos interesa mucho desarrollarlo. Sin embargo, sin tomar conciencia de todo ello, algo tan natural como irnos de casa —para trabajar, estudiar o sencillamente hacer nuestra propia vida— puede verse como un abismo y surgir un estado depresivo.

En otros casos, irse de casa tiene otras connotaciones. Por un lado, había problemas familiares de los que nos queremos alejar; por otro, aún estamos condicionados por las historias de nuestra infancia. En aquellos momentos sentimos que teníamos que hacernos cargo de los problemas de todos, aunque supiéramos que eso no es tarea para un niño, o nos sentimos responsables de conseguir que todos los que nos importaban fueran felices. Cuando nos vamos de casa, puede que muy lejos, estamos tratando de poner distancia física, pero esto no garantiza la *distancia emocional*. Sentirnos responsables del bienestar de los demás es una carga enorme y, además, una tarea imposible. No tenemos el mando a distancia de la cabeza del otro y, siendo todos adultos, no hay posibilidad de decidir por los demás ni de ayudarles si no se dejan. Si nos pedimos imposibles, el único resultado será un gran sentimiento de impotencia.

Si hemos tenido depresiones periódicas, busquemos en nuestros recuerdos la primera vez que nos sentimos así: ¿qué pasaba en aquella época?, ¿qué era distinto de etapas anteriores?, ¿con quién estábamos?, ¿qué hacíamos? Y si pensamos en el peor momento de aquella situación, ¿qué pensamiento sobre nosotros mismos surge? Ver aquella imagen nos hace sentir como si fuésemos... Las raíces de nuestras sensaciones y creencias están seguramente más atrás, en momentos pequeños o grandes, en nuestras relaciones personales más significativas, y han seguido latentes en nuestro interior por mucho tiempo que haya pasado. Encontrar esos hilos nos ayudará a entendernos en profundidad. Procesar esos recuerdos irá vaciando nuestra mochila de piedras que nos lastran, nos agotan y nos impiden avanzar. Cuando hagamos estos análisis, hagámoslos sin juicio, sin presionarnos. Solo nos ayudará mirarnos tratando de entender las conexiones, comprendiendo que cuando las cosas pasaron quizá no teníamos muchas opciones, no sabíamos lo que sabemos ahora, ni teníamos la experiencia que tenemos hoy. Si no somos capaces de hacerlo así, quizá tengamos que trabajar primero en desarrollar una mirada más amable hacia nosotros mismos.

Es mejor tener varias herramientas que una sola

¿Qué diferencia vimos entre las personas que trabajaron con EMDR y las que lo hicieron con terapia cognitivo-conductual? Como adelantaba, ambos grupos mejoraron su estado de ánimo. No hubo variaciones importantes en su medicación. Muchas de ellas tomaban fármacos antidepresivos, pero no habían conseguido más que una mejoría parcial y, por tanto, esta vía parecía agotada. **La medicación, controlada siempre por nuestro médico, y la psicoterapia se complementan**, no son incompatibles. A veces, trabajar en cambiar nuestros comportamientos o pensamientos, o buscar en etapas duras de nuestra historia, se hace muy difícil estando extremadamente agotados y angustiados, de modo que tomar medicación nos puede ayudar a remontar lo suficiente para emprender la tarea y a sostenernos durante el tiempo que dure el proceso. Al final de este, habrá que valorar si conviene mantener el tratamiento, reducirlo o retirarlo poco a poco. En cualquier caso, no hemos de tomar decisiones impulsivas sin consultar antes con el médico. Pero volvamos a la terapia.

Cuando trabajamos en el aquí y ahora, la terapia cognitivo-conductual puede resultar más llevadera para las personas que tienen una historia dura, la cual han tratado de apartar de su mente. Sin embargo, el problema para trabajar en ellas no es tanto la dureza de las experiencias vividas, sino el esfuerzo que la persona ha hecho siempre para negarlas o evitarlas. Para poder procesar esas experiencias, hemos de **mirar los recuerdos sin temor**, sabiendo que son historia pasada, y atravesar ese dolor dejando tiempo suficiente para que se deshaga por sí mismo. Muchos hacen lo posible por no atravesar esa puerta. En realidad, cuando finalmente lo hacen, descubren que **recordar y revivir no son lo mismo**, que el proceso es sorprendentemente corto y el alivio que viene después no tiene precio. **Una vez procesados, esos recuerdos nos habrán dolido por última vez.** Aquellas sensaciones, no importa lo terrible que haya sido lo experimentado, ya no tendrán que ser apartadas. Sencillamente se habrán ido, les habrá dado el aire y este habrá arrastrado todo el componente emocional que se había quedado pegado a ellas.

En el estudio EDEN no tenemos aún mucha información sobre los efectos a largo plazo, pero tuve la ocasión de ver tiempo después a alguno de los participantes. Una de las personas que trabajó con EMDR tuvo una recaída. Puesto que las ocho sesiones sobre los recuerdos que habían dado lugar a su depresión no fueron suficientes para desmontar el problema, prolongamos el tratamiento todo el tiempo que necesitó para lograrlo. Otra, que había hecho terapia cognitivo-conductual, empeoró meses después porque los gravísimos problemas familiares que tenía (y se negaba a sí misma) seguían ahí, alimentando su desesperanza. De modo que, en ese punto, tuvimos que plantearnos un cambio de estrategia. Tener varias herramientas es mejor que tener una sola, pero, según mi experiencia, el trabajo con EMDR tiene un gran nivel de profundidad si se plantea desde una comprensión de la historia de la persona. Por supuesto, si alguien no está preparado para reestructurar la casa entera, se puede llegar a un acuerdo para reformar solo una estancia. Pero esa pequeña reforma nos da la posibilidad de comenzar a resolver el problema en su origen y desmontarlo desde la base, lo que puede suponer un cambio enorme.

CUANDO LA MENTE SE ROMPE

Agustina era una mujer mayor que, desde hacía unos años, venía a mi consulta en la unidad de salud mental en la que trabajaba entonces. Tenía síntomas claros de esquizofrenia. Sentía continuamente que la gente le enviaba mensajes que la advertían de que no podía hacer lo que le gustaba o, de lo contrario, aquellos a los que quería sufrirían las consecuencias. Apenas se relacionaba más que con un hijo y su perro, pero la aterrorizaba que pudiera pasarles algo. En realidad, Agustina llevaba sintiendo estas sensaciones desde hacía muchos muchos años, pero, mientras fueron únicamente referidas a ella, decidió aguantar y no comentarlo con nadie.

Cuando me formaba como residente de psiquiatría, mis tutores se esforzaron en explicarme que los pacientes como Agustina eran muy delicados y que debíamos tener cuidado con las intervenciones que hacíamos. Eran personas con un nivel de sufrimiento muy grande, que generalmente sentían que todo a su alrededor era hostil, y en su cabeza se mezclaban las ideas sin que pudiesen discriminar si tenían o no verosimilitud. Por ello, los profesionales teníamos que evitar a toda costa confundirlos más, necesitábamos ayudarlos a ver la realidad y cómo su mente la distorsionaba, y teníamos que centrarnos en buscar una medicación que ayudase a su cerebro a conectar únicamente aquello que realmente estaba relacionado. Solo los fármacos, me decían, han demostrado su efecto. Hacer terapias, sobre todo si iban encaminadas a buscar en la historia del paciente, era equivalente a «revolver» un cerebro ya de por sí muy desorganizado, y podría ser contraproducente. Con esta idea hemos funcionado muchas generaciones de psiquiatras.

Agustina iba a enseñarme una lección muy importante: estábamos equivocados. Por ello, no puedo terminar este libro sin hacer honor a quien fue una de mis maestras. Más tarde, la investigación ha confirmado que **las terapias orientadas al trauma pueden ayudar a las personas con cuadros psicóticos**, y que estas no se descompensan porque las ayudemos con este tipo de herramientas.

Con Agustina probamos todo tipo de fármacos que funcionaban en muchos pacientes. Sin embargo, nada parecía ayudar a esta mujer. Es más, su estado se deterioraba a pasos agigantados, cada vez la veía más desmejorada, incluso físicamente, porque adelgazaba día tras día, y estaba planteándome la necesidad de ingresarla. Antes de hacer esto, hablé con ella sobre la posibilidad de trabajar con EMDR. Estuvo de acuerdo, así que nos pusimos a ello.

Trabajamos en concreto la etapa anterior a que empezaran sus síntomas, mucho tiempo atrás, cuando su hijo aún era pequeño. Agustina vivía entonces con sus padres y el niño, y, en sus propias palabras, «se sentía muy sola». Esto nos da una idea de cómo podría ser la relación con sus padres. Pero realmente las claves aparecieron cuando empezamos a procesar ese recuerdo. Poco a poco, empezó a asociar aquel momento con una madre muy fría que frecuentemente se dirigía a ella con insultos. Para salir de aquel ambiente, Agustina se casó con el padre de su hijo, que la maltrató durante años. Como ella nunca había sido importante para nadie, no consideró tampoco que su sufrimiento importara. Cuando nació su hijo, pudo reaccionar y volver a casa de sus padres. Sin embargo, esto reactivó las difíciles vivencias de su infancia. Y aparecieron sus síntomas. Su mente le decía, sintiéndolo ella como una comunicación telepática de cuantos la rodeaban, que no tenía derecho a disfrutar, que no tenía derecho a vivir, que no tenía derecho a nada.

En medio de estos fragmentos de su historia que se desvelaban entre tanda y tanda de movimientos oculares, Agustina me regaló muchas reflexiones sobre el proceso que estábamos haciendo juntas: «Me estoy sintiendo un poco persona... Me siento un poco persona. Siempre me había sentido como un animal, siempre...», «Nunca me valoré, nunca», «¿Esto que me están haciendo es una revolución, verdad, en la terapia?», «¡Cómo me gustaría que esto se lo hicieran a mi hijo, él también tiene muchos problemas!».

Tener un cuadro psicótico o un trastorno bipolar, dos de esos cuadros que requieren medicación y que parecen tener cierto componente genético, no implica que la persona no haya tenido dificultades en la familia, en la escuela, en el trabajo o en las relaciones más importantes. De hecho, sufrir uno de estos problemas es, en sí mismo, algo altamente traumático, que genera mucha angustia y puede arrasar nuestra vida como un auténtico tsunami. Lo mismo ocurre con muchas otras patologías tanto mentales como físicas. Todos hemos de ocuparnos de las historias no resueltas que nos dañan y nos generan sufrimiento, y esto no puede dejar fuera a pacientes con problemáticas en las que hay una base orgánica, un componente genético, y que precisan de medicación. El debate no ha de centrarse en elegir bando, sino en aunar esfuerzos, más aún en los cuadros más graves.

El declive mental y físico de Agustina empezó a remontar de un modo claro después de esta sesión. Seguimos trabajando en más recuerdos y, con mucha menos medicación, **su cuadro se estabilizó**. Aunque le costaba mucho relacionarse —llevaba toda una vida funcionando desde un patrón de aislamiento—, pudo ser más afectiva con su hijo y salir un poco de su encierro. Agustina me enseñó que no solo se puede trabajar con pacientes que sufren este tipo de problemas, sino que debemos hacerlo. De lo contrario, dejamos que personas con problemas mentales graves mantengan grandes dosis de sufrimiento que podría ser aliviado, dejamos que arrastren pesadas mochilas llenas de piedras que apenas pueden levantar.

DECIR ADIÓS

El modo en el que reaccionamos ante las pérdidas, sea porque una persona fallece, la vida la aparta de nuestro camino, o nos deja voluntariamente, tiene que ver con cómo nos vinculamos, con los sistemas de apego de los que ya he hablado. Si pensamos en ejemplos entre nuestros conocidos, veremos qué diferente es la reacción de las personas ante la muerte de un ser querido o un divorcio. La explicación de estas diferencias se encuentra, a menudo, en el tipo de relación que la persona mantenía con el otro, pero en muchas ocasiones las razones están mucho más atrás.

Recordemos a Susana, Laura, María y Teresa. Nos encontramos con ellas en un capítulo anterior, al hablar de los tipos de apego. Cada una había vivido una historia muy distinta en su familia de origen, en la que habían aprendido formas también muy diferentes de vincularse. Susana se sentía segura en las relaciones, se implicaba, pero mantenía su autonomía. Laura, para sentir algo parecido a la seguridad, tenía que aferrarse al otro. María, al contrario, estaba más cómoda manteniendo las distancias. Teresa buscaba afectos intensos, pero, cuando percibía intimidad o compromiso, sentía miedo y lo echaba todo a perder. Imaginemos ahora que cada una de ellas tiene que enfrentarse a la pérdida de la pareja con la que convive. ¿Cómo sería su reacción?

Susana pasó un periodo de duelo. Al principio no podía creerse lo que había pasado, pero en pocas semanas fue asimilando la realidad innegable a la que se enfrentaba. Se sintió triste, infinitamente triste, por momentos enfadada. Se preguntó si habría podido hacer algo diferente, y lo habló con sus amigos tratando de que la ayudaran a asimilarlo, le diesen distintas perspectivas o, simplemente, para notar su apoyo y poder desahogarse. Se permitió estar mal a veces, y otras trataba de animarse. Se dio tiempo y, poco a poco, con el paso de los meses, la tristeza se fue yendo y Susana recuperó su vida. En algunas etapas, echaba mucho en falta aquella compañía, sobre todo en momentos que antes solían compartir o en fechas significativas, pero esta sensación fue también yendo a menos y ella la dejó marchar. Su pareja pasó a ocupar otro lugar en sus archivos de memoria, donde se conservó lo que aquella relación tuvo de bueno, y Susana dejó ir el dolor.

Laura no solo sintió la tristeza que acompaña a toda pérdida, sino que además la inundó un miedo intenso. Para ella, la ausencia del otro era como un precipicio, como un abismo infranqueable. No se sentía capaz de vivir su vida sola; sin su pareja, se sentía huérfana, totalmente desamparada. La intensidad de todas esas emociones hizo que Laura se negase a aceptar que la persona con la que hasta entonces había compartido su vida se había ido. Durante meses, todavía pensaba en su pareja como si estuviese con ella, como si fuese a aparecer por la puerta, y se resistía activamente a asumir que no fuese así. Se perdía con frecuencia en ensoñaciones tratando de mantener viva la memoria de esa persona, y se enfadaba con cualquiera que le hiciese comentarios tratando de hacerle ver que tenía que aceptar lo ocurrido. Se repetía con frecuencia «no puedo estar sin mi pareja», «no quiero vivir si no está». Se aferró a sus amigos y a sus hijos, pero el consuelo de los demás era inútil porque estaba desconsolada e inconsolable. Laura entró en una depresión profunda y tardó mucho tiempo en superar esa pérdida.

María, desconectada de sus emociones y sin implicarse nunca en las relaciones a nivel emocional, se mostró aparentemente poco afectada. Solucionó su malestar centrándose en el trabajo y en hacer todo lo que se supone que hay que hacer en estos casos. Se dedicó a calmar a las otras personas afectadas, a los amigos de su pareja, a sus suegros, a sus hijos, y a todos ellos les daba el mismo remedio que ella aplicaba a las restantes dificultades de la vida: «Hay que seguir adelante, ¿qué se le va hacer? No vale de nada llorar, eso no va a hacer que vuelva». Cierto tiempo después, el malestar que María se había hecho experta en suprimir comenzó a colarse por las rendijas. Empezó a sufrir problemas de estómago, y a recorrer especialistas que no encontraron una justificación proporcional a sus molestias. Por supuesto, María no se planteaba la relación entre estos problemas y el duelo por la pérdida de su pareja.

Por último, **Teresa** entró en una montaña rusa emocional aún más abrupta de lo habitual en ella. Su negación de la pérdida fue tan grande que, durante días, parecía no haber procesado que esa persona ya no estaba. Hablaba con la gente como si nada hubiese pasado, y por momentos se quedaba como ida, sin reaccionar ante lo que la rodeaba. Otras veces, estaba furiosa con su pareja por haberla dejado sola, y con el mundo por haberla puesto en esa situación. Un día, Teresa salió y tuvo relaciones con alguien simplemente para llenar el vacío que sentía, lo que la hizo sentir fatal.

Finalmente, se encerró en casa con las persianas bajadas durante días y se descuidó por completo, hasta que sus amigos fueron a rescatarla de sí misma.

Pérdidas y vínculos

Cuando una persona pide ayuda para superar una pérdida, es imposible entender esta reacción sin comprender cómo son sus patrones de apego, sus modos de vincularse. Para trabajar con EMDR en un proceso de duelo, es importante comprender bien el contexto. A veces podemos trabajar con la persona la pérdida en sí, pero difícilmente se resolverá el problema si no vamos al origen de esos patrones, a las relaciones con sus cuidadores de la infancia. Sería como tratar de derribar un árbol que tiene gruesas y profundas raíces que lo unen a la tierra. Procesar los recuerdos que están en la base de nuestras formas de conectar con los demás y con nosotros mismos —sobre todo aquellos relacionados con el cuidado y la protección— es como secar las raíces del árbol. Si lo conseguimos, derribar luego el árbol es enormemente sencillo.

El trabajo con EMDR en situaciones de duelo se ha investigado específicamente. Se ha comprobado que, al aplicarlo, cambia la actividad cerebral y el nivel de malestar asociado a los recuerdos dolorosos baja, al igual que ocurre en otras experiencias traumáticas. Mientras que con la terapia cognitivo-conductual las personas refieren un cambio de perspectiva respecto a la pérdida, con el EMDR perciben cómo los recuerdos difíciles en sí mismos pierden fuerza, se ven más distantes y dejan de hacer daño; superado este bloqueo, el cambio se produce por sí solo. Algunas personas creen que dejar ir el dolor hace que se pierdan los recuerdos de la persona que se ha ido. Al contrario, cuando el dolor se va, se despeja el camino para disfrutar de los buenos recuerdos, los que vale la pena conservar.

BEBER NO AYUDA A OLVIDAR

Cualquier persona que apele al argumento de que «beber quita las penas» sabe perfectamente que no es cierto. Sin embargo, muchas de ellas recurren al alcohol o a las drogas, se adormecen con medicamentos o se enfrascan en distintas adicciones para tratar —sin éxito— de anestesiar dolores que no quieren pararse a curar. Las rutas que llevan a las adicciones son complejas, y no pretendo simplificarlas diciendo que todas ellas se generan en malas experiencias pasadas. Sin embargo, al margen de la tendencia de algunas personas a engancharse a determinadas sustancias, hay aprendizajes que confluyen para que esto ocurra y se prolongue en el tiempo a pesar de las consecuencias negativas que genera.

Como en todos los problemas, el EMDR nos ayuda a buscar cuándo se originó, las principales creencias negativas de esa persona que se relacionan con el consumo de esa sustancia o con ese comportamiento, y los momentos que se asociaron al inicio o al empeoramiento de la adicción. También nos permite conocer cómo regulamos nuestras emociones, ya que a menudo acabamos recurriendo a una «solución» externa, como nos lo parecen el alcohol, las drogas u otras adicciones, para calmar una sensación que sentimos que no podemos manejar por nosotros mismos.

No todas las adicciones son iguales

Las circunstancias en las que cada persona abusa de una sustancia son muy diferentes. Cuando una persona bebe, las razones pueden ser muy variables. Algunos suelen hacerlo cuando están con gente, y es para ellos un modo de socializar. Otros beben de manera compulsiva ante determinadas situaciones. También los hay que únicamente beben cuando están (o se sienten) solos. Este último patrón es más frecuente en mujeres, ya que culturalmente el consumo de alcohol por hombres ha estado siempre más aceptado.

Luisa venía de unos padres poco presentes a nivel emocional, salvo para imponer rígidas normas que tanto ella como sus siete hermanos vivos debían cumplir sin rechistar. Ella era la más pequeña y, en sus propias palabras, «ni siquiera se enteraron de que estaba allí». Sus recuerdos eran de ausencia: nadie le preparaba el desayuno si su hermana mayor no se ocupaba; a nadie le importaba que no estudiara y repitiera curso; nadie estaba pendiente de con quién salía o cuándo volvía a casa; nadie la apoyó cuando, tras varias relaciones poco aconsejables, se quedó embarazada muy joven. Como fruto de esta historia, tenía una marcada tendencia al autoabandono.

Años después, Luisa seguía con su marido sin sentirse muy implicada en la relación. Además, tenía frecuentes desencuentros con su hija, agudizados por el rechazo de esta hacia sus problemas con el alcohol, que Luisa solía negar o minimizar. Su historia no era más que una constante entrada y salida de los programas de tratamiento, una sucesión de intentos y recaídas, como sucede muchas veces en las adicciones.

Cuando exploramos juntas lo que rodeaba al hecho de beber, vimos que, en esos momentos en los que estaba sola, percibía que beber era lo único que se daba a sí misma, la única cosa que le gustaba que se concedía. Curiosamente, eso que se daba era algo dañino, lo cual refleja hasta qué punto se pueden volver paradójicos los patrones de autocuidado cuando crecemos con un cuidado deficiente. Nos «cuidamos» precisamente con lo que más daño nos hace, e incluso llega a parecernos lógico.

El proceso con Luisa se centró, antes de empezar a trabajar las duras experiencias de su infancia, en que aprendiese a cuidarse, a hablarse bien por dentro, a conectar con sus emociones y a regularlas de distintas maneras. En gran parte de este trabajo, utilizamos la estimulación bilateral para potenciar y reforzar sus avances, así como para desbloquear algunos puntos que le resultaban difíciles. Como en muchas personas con adicciones, trabajar directamente con los recuerdos nucleares que están en la base del problema puede activar las conductas adictivas. De modo que, para comenzar, nos concentramos en lo periférico antes de ir a los elementos más importantes.

Además de trabajar con recuerdos, la estimulación bilateral puede usarse de otros modos. Uno de los más investigados dentro del campo de las adicciones es el procesamiento del impulso de consumir en sí. En ocasiones, la persona que consume alguna sustancia vuelve a hacerlo buscando las mismas sensaciones que tuvo las primeras veces que la probó. Esta sensación puede aportarle algo que necesitó de forma poderosa en el pasado, como la sensación de sentirse importante que da la cocaína, la anestesia de un dolor que aporta la heroína, la desinhibición que genera el alcohol o la relajación que da el cannabis. A veces el consumo de estas sustancias no nace solo de la negación de sus efectos negativos (muy graves en todas ellas), sino también de que la persona siente que esa sensación positiva que le dan es inalcanzable para ella por otros medios, y además responde a una necesidad muy profunda que nunca se cubrió.

Lo curioso es que esta sensación suele desaparecer cuando el consumo es repetido. Nos habituamos a los efectos de la sustancia, y ya no vuelve nunca a ser como al principio. Sin embargo, las personas consumen una y otra vez buscando aquello, a pesar de que saben que ese camino ya no lleva allí. Este fenómeno tiene que ver con el impulso a consumir, denominado *craving*. Mediante el EMDR se ha evaluado, con procedimientos distintos, el efecto de focalizar tanto en las memorias del efecto positivo de la sustancia conseguido tiempo atrás como en el impulso de consumir. La estimulación bilateral sobre este foco parece bajar tanto la intensidad de esas memorias como del impulso hacia el consumo. Es como si aquellos recuerdos de una sensación placentera, muy ansiada por la persona, aunque sean de tonalidad positiva, estuvieran tan bloqueados en las redes de memoria como otros recuerdos traumáticos o difíciles, de tonalidad negativa. Los efectos de la estimulación bilateral a este nivel, que se han replicado en varios estudios, ofrecen una vía interesante de tratamiento. Sin embargo, quiero insistir en que aplicar este procedimiento de forma aislada sobre el impulso de consumir no tiene sentido si no lo hacemos sobre la base de una **buena comprensión de todas las**

conexiones subyacentes. El tratamiento de una adicción requiere además un trabajo integral, que va más allá de la terapia EMDR y, con frecuencia, precisa la implicación de la familia, el trabajo con grupos o ingresos ocasionales.

Es frecuente tener pequeñas o grandes adicciones, aunque no necesariamente sean un problema grave. Pensemos en alguna de ellas. Puede ser la comida, un juego de ordenador, las redes sociales, una relación... Por un momento, en vez de verlo como algo negativo, pensémoslo desde el otro lado. ¿Cuál es la sensación positiva que buscamos ahí? Esto va más allá de lo obvio. Por ejemplo, si somos adictos al chocolate, lo que nos aporta no es solo el sabor, sino que puede ser la calma que sentimos al comer, la activación que nos dan los componentes del chocolate o la satisfacción de concedernos un pequeño placer prohibido. Parémonos a ver cómo es esto en nuestro caso particular.

Sin juzgarlo, tratemos de pensar un poco en esa sensación, qué emociones y sensaciones físicas la componen. Y preguntémonos: ¿esas sensaciones **están presentes en nuestra vida por otros cauces**? ¿Encontramos otros momentos de calma, de estar animados, de disfrutar de algo placentero? Y **en nuestra historia ¿han estado presentes?** De ser así, ¿en qué momentos? ¿Con quién lo compartíamos? Quizás nuestra adicción nos mantiene en cierto modo en conexión con esas etapas o personas.

Si, por el contrario, esas sensaciones **han estado dolorosamente ausentes**, quizás las hayamos percibido de modo claro e intenso por primera vez con la adicción, o a través de ella vamos tomando pequeñas dosis de algo que sabe igual a lo que tanto nos faltó, ya sea el sentirnos importantes, relajados, desinhibidos, etcétera.

En cualquiera de los dos casos, hagámonos esta pregunta: esa sensación que busco en la adicción, **¿cómo podría obtenerla de un modo que no me dañe o me cause problemas?** No nos planteemos dejar una adicción como una renuncia, sino como un cambio. Lo que necesitamos no ha de ser negado, pero sí hemos de buscarlo de modo real —no como un espejismo— y de modo que nos haga bien.

LA VIDA VIVIDA

Hace poco unos amigos terapeutas y yo tuvimos un debate informal sobre uno de los temas clave de nuestra profesión. La pregunta era: «¿Qué es curarse?». Ahí es nada. Muchos pacientes nos lo preguntan: ¿cuándo me curaré? Suelo responderles que sabrán que está cerca cuando dejen de hacerse la pregunta. De hecho, la pregunta contiene una trampa implícita: la de creer que existe un estado de felicidad inmutable que nada puede hacer tambalear, y que ahora somos seres incompletos pero que llegará un momento en que estaremos «terminados».

Lo cierto es que mis amigos y yo, tras muchas vueltas, no conseguimos una respuesta satisfactoria, así que abrimos el debate en redes sociales. Respondieron muchas personas, algunas de ellas estaban o habían estado alguna vez en terapia por diversos motivos. Una de esas personas me dio la respuesta que más me convenció: «Curarse es cuidarse».

Realmente, la vida tiene su miga. Es como navegar, y el mar a veces está en calma, otras ruge con toda su fuerza, hace frío y calor, viento, lluvia y sol. Y por todo ello nosotros transitamos. Las reglas que valen para un momento pueden ser inservibles para el otro. Obviamente, nuestras emociones cambiarán según las aguas que surquemos y el clima que nos acompañe. ¿Qué es, por tanto, estar bien?

En lo que respecta al autocuidado, la regla es «cuanto peor, mejor». Cuanto más complicada se ponga la vida, más tengo yo que cuidarme a todos los niveles: por dentro, en las relaciones, en mi forma de estar en el mundo. Al menos yo tengo que estar de mi lado. Al menos yo voy a tirar por mí. Si alguien más se suma, bienvenido sea. Y si tú necesitas algo, te echo una mano, pero siempre reservándome unos mínimos para poder seguir funcionando.

Si yo resuelvo mis viejas historias sobre cómo fui —mejor o peor— cuidado, las que no supusieron un buen ejemplo, y trabajo en cambiar mis patrones, siempre suavizaré la vida. Si los modelos de regular las emociones que tuve alrededor no fueron los más adecuados, dejar ir esa herencia emocional me permitirá ensayar nuevos sistemas. No manejaré el barco como si el timón no pudiera moverse un milímetro de la ruta que me tracé al salir del puerto. Usaré mapas actualizados, perfeccionaré mis técnicas, adquiriré nuevas habilidades. Iré soltando el lastre que me quita ligereza y aprenderé a distinguir lo esencial. Me volveré un navegante experto.

Además, disuelta la huella de las relaciones que me lastraron, podré hacer el viaje con una buena tripulación. A lo largo del camino, muchas de ellas se irán quedando en los puertos, mientras otras nuevas subirán a bordo, pero en cada momento podré valorar lo que esa compañía aporta. No es tan importante cuánto de lejos podamos llegar, la vida no es una regata de competición. Un buen marino sabe que la única razón de salir al mar es disfrutar la travesía.

De modo que el tema va de cuidarnos por dentro, cuidarnos en las relaciones —lo cual incluye también pedir ayuda y dejarnos ayudar—, cuidar nuestras emociones y conectar con los demás. Desde ahí, por supuesto, podemos y debemos cuidarnos unos a otros. Esto nos da lo esencial para lo que llamamos resiliencia, es decir, la capacidad de navegar no solo en un mar en calma, sino también en la tormenta.

¿Están las personas que han vivido situaciones adversas menos capacitadas para hacer esto, son menos resilientes? Contestaré como gallega que soy: depende. Depende de si esas historias que vivimos son aún heridas abiertas, sangrantes, que se han infectado porque no las hemos limpiado, porque no les ha dado nunca el sol ni el aire. En ese caso, por muchas armaduras que nos pongamos encima, nuestras heridas no nos hacen fuertes, más bien nos consumen. Sin embargo, cuando esas heridas se curan, se convierten en cicatrices. Esas cicatrices representan un dibujo único de quiénes somos. Todos los marinos las tenemos. Cuando esto es así, las experiencias difíciles pueden hacernos más sabios, más profundos, más comprensivos, más pragmáticos y más resolutivos. El marino experto se ha curtido en muchos mares y en muchas tormentas. Veréis por ahí que a esto se le llama *crecimiento postraumático*. Igual podríamos también llamarlo *vivir*, en el sentido profundo de la palabra. Quizás nadie pueda hacerlo mejor que aquellos que saben lo que vale.

Este cambio está abierto para todos, y son muchas las rutas que podemos seguir. Yo os he dejado mi mapa, el que mejor conozco, pero hay muchos otros. Lo importante es no rendirnos nunca con nosotros mismos. Si el cambio no ocurre solo, hay que sembrarlo. Cuando lo hacemos, de las grietas puede nacer algo nuevo. Aquí os dejo un puñadito de semillas.

BIBLIOGRAFÍA

CORTÉS, Cristina, *Mírame, siénteme*. Desclée. 2018.

GONZALEZ, Anabel, *No soy yo*, 2017.

— *Lo bueno de tener un mal día*, Planeta, Barcelona, 2020.

SHAPIRO, Francine, *Supera tu pasado*, Kairós, Barcelona, 2013.

Consulta más lecturas recomendadas en www.anabelgonzalez.es.